Collection

« LES CHEMINS DE L'ÉVEIL »

Dr Jean-Maurice Gillard de Saint-Gilles : *Les Mots qui guérissent.*

Dr Joseph Murphy : *Renaître au bonheur. Vers l'épanouissement et l'équilibre.*

Dr Joseph Murphy : *Guérir par la pensée.*

Dr Joseph Murphy : *La Prière guérit. Votre force intérieure de guérison.*

Dr Joseph Murphy : *Comment attirer l'argent. Vous avez le droit d'être riche !*

Dr Joseph Murphy : *La Magie de la foi. Comment réaliser vos désirs.*

Dr Joseph Murphy : *Les Miracles de votre esprit. Votre subconscient a le pouvoir de créer.*

Dr Joseph Murphy : *Puissance de la méditation. « Je suis en Paix ! »*

Dr Mary Sterling : *Les Morts sont toujours vivants. Après la mort… la Vie !*

Comment attirer l'argent

« Les Chemins de l'éveil »

DU MÊME AUTEUR
(chez le même éditeur) :

Renaître au bonheur. Vers l'épanouissement et l'équilibre.

Guérir par la pensée.

La Prière guérit. Votre force intérieure de guérison.

Comment attirer l'argent. Vous avez le droit d'être riche !

La Magie de la foi. Comment réaliser vos désirs.

Les Miracles de votre esprit. Votre subconscient a le pouvoir de créer.

Puissance de la méditation. « Je suis en Paix ! »

L'Énergie cosmique. Cette puissance qui est en vous.

L'Impossible est possible ! La maîtrise de votre puissance créatrice.

La Dynamique du bonheur. Miracles de la pensée positive.

La Paix est en vous. Les lois spirituelles de la vie harmonieuse.

Dr Joseph Murphy.

Docteur Joseph Murphy
(Ph. D.-L.L.D.)

Comment attirer l'argent

Vous avez le droit d'être riche !

134e mille

Traduit de l'anglais par Mary Sterling

Editions Dangles
18, rue Lavoisier
45800 St-Jean-de-Braye

TITRE ORIGINAL AMERICAIN :

How to Attract Money.

Edition originale américaine :

Traduction française :

ISSN : 0247-882X
ISBN : 2-7033-0060-3

La traductrice de cet ouvrage, Dr Mary Sterling, docteur en ontologie et psychologie, est la fondatrice-leader du Centre :

UNITE UNIVERSELLE
22, rue de Douai
75009 PARIS
Tél. : 01 48 74 70 89

Unité Universelle publie chaque mois une revue.

Consultations sur rendez-vous (se renseigner au Centre).

Vous serez les bienvenus à la salle de lecture du Centre, du lundi au samedi inclus, de 14 heures à 17 h 30.

Préface à l'édition française

Ami lecteur, le titre que je porte t'a souri, intrigué peut-être, et te voilà prêt à me lire tout d'un trait pour savoir *Comment attirer l'argent.*

Lorsque tu m'auras achevé, crois-moi, ne me range pas tout aussitôt dans un coin de ta bibliothèque. Je t'affirme que pour être tout à fait délivré des superstitions et des hypocrisies par lesquelles l'argent a été depuis trop longtemps entouré, il faut me lire et me relire très lentement, puis méditer mes pages afin que ton subconscient s'imprègne de la **connaissance des valeurs vraies.** Si tu suis mon conseil, ce n'est pas seulement pécuniairement que tu seras enrichi.

Lorsque tu m'auras bien compris, tu songeras à me faire connaître tout autour de toi afin que j'aide tes amis – et les autres ! – à se libérer à leur tour des affres de la peur. Car tu auras joyeusement compris qu'en toutes choses, **pour recevoir, il faut donner.**

M. S.

PREMIERE PARTIE

Votre droit à la richesse

VOUS avez le droit d'être riche. Vous êtes ici pour mener une vie abondante, pour être heureux, radieux et libre. Vous devriez donc posséder tout l'argent dont vous avez besoin pour que votre vie soit heureuse et prospère.

Il n'y a point de vertu dans la pauvreté ; c'est une maladie mentale qui doit être extirpée sur toute la terre. Vous êtes ici pour croître, pour vous étendre et vous épanouir – spirituellement, mentalement et matériellement. Vous avez le droit inaliénable de vous exprimer et de vous développer pleinement. Vous devez vous entourer de beauté et de luxe.

Pourquoi vous contenter de peu, d'un minimum, alors que vous pouvez jouir des richesses de l'Infini ? En lisant ce livre, vous allez apprendre à vous lier d'amitié avec l'argent et vous en aurez toujours en surplus. En désirant être riche, vous aspirez à une vie plus pleine, plus heureuse, plus merveilleuse. C'est une impulsion cosmique et cela est bon, très bon.

1. L'argent, un symbole

Commencez donc à voir l'argent dans sa vraie signification : comme un symbole d'échange qui représente pour vous la libération du besoin, la beauté, le luxe, l'abondance et l'élégance.

En lisant ce chapitre, vous vous dites probablement : « Je veux davantage d'argent… Je vaux un salaire plus important que celui que je reçois. » Je suis convaincu que la plupart des gens ne sont pas convenablement rétribués. Et l'une des causes pour lesquelles ils n'ont pas davantage d'argent est que, silencieusement autant qu'ouvertement, ils le méprisent, disant que l'argent est « malpropre », ou bien que « l'amour de l'argent est cause de tous les maux », etc.

Une autre des raisons pour lesquelles ils ne sont pas prospères est l'arrière-pensée, le sentiment subconscient que la pauvreté est une vertu : ce prototype subconscient est généralement dû soit, à leur formation première, soit à la superstition, ou bien encore à une fausse interprétation des Ecritures.

2. La pauvreté n'est pas une vertu

Il n'y a point de vertu dans la pauvreté ; c'est une maladie comme n'importe quelle maladie mentale. Si vous étiez physiquement malade, vous vous en inquiéteriez et chercheriez à vous faire soigner. De même, si vous n'avez pas assez d'argent circulant constamment dans votre vie, c'est que quelque chose en vous est radicalement à l'envers.

L'argent n'est qu'un moyen d'échanges ; à travers les siècles, il a pris bien des formes : sel, perles, bibelots de toutes sortes... Dans l'Antiquité, la fortune d'un homme était évaluée par têtes de moutons ou de bœufs. Or, de toute évidence, il est bien plus facile de rédiger un chèque que de promener des moutons pour payer nos factures !

3. Vous êtes né pour réussir

Dieu ne veut point que vous viviez dans un taudis ni que vous ayez faim. Dieu veut que vous soyez heureux, prospère et plein de succès. Dieu réussit toujours toutes Ses entreprises, qu'il crée une étoile ou un cosmos !

Peut-être souhaitez-vous faire le tour du monde, étudier les arts dans un pays étranger, vous livrer à des études supérieures ou bien envoyer vos enfants dans une meilleure école que celle qu'ils fréquentent ? Sans aucun doute aspirez-vous à élever vos enfants dans un bel intérieur afin qu'ils apprennent la beauté, l'ordre, la symétrie et les nobles proportions.

Vous êtes né pour réussir, pour vaincre, pour triompher de toutes les difficultés et pour développer toutes vos facultés. Si votre vie présente une lacune pécuniaire, mettez-vous à l'œuvre pour changer cela.

Détournez-vous immédiatement de toutes croyances superstitieuses à l'égard de l'argent. Ne considérez jamais l'argent comme étant malpropre ou mauvais car, dans ce cas, vous lui donneriez des ailes pour s'envoler loin de vous. Souvenez-vous que **vous perdez tout ce que vous condamnez.**

4. L'argent n'est pas mauvais en soi

Supposons, par exemple, que vous trouviez de l'or, de l'argent, du plomb, du cuivre ou du fer dans la terre. Diriez-vous que ces choses sont mauvaises ? Dieu prononça bonnes toutes choses. Tout le mal vient de l'obscurité de l'entendement de l'homme, de son esprit ignorant, de son interprétation fausse de la vie, de la façon dont il mésuse de la Puissance divine. L'uranium, le plomb ou quelque autre métal auraient fort bien pu servir comme agent d'échange, mais nous nous servons de billets en papier, de chèques, etc. ; ces morceaux de papiers, ces billets, ces chèques ne sont point mauvais.

Les savants et physiciens de nos jours savent que la seule différence entre un métal et un autre est le nombre et le rythme vibratoire des électrons qui tournent autour du noyau central. En bombardant dans un puissant cyclotron les atomes, ils transforment un métal en un autre. L'or, sous certaines conditions, devient du mercure. Sous peu, l'or, l'argent et les autres métaux seront synthétiquement fabriqués dans les laboratoires. Or, je ne puis, pour ma part, voir quoi que ce soit de mauvais dans des électrons, des neutrons, des protons et des isotopes !

Le billet de papier qui est dans votre poche est composé d'électrons et de protons assemblés autrement que pour les métaux ; leur nombre et leur rythme vibratoire changent. C'est la seule différence qui existe entre le papier et la pièce d'argent de votre gousset.

Certains diront : « Mais, on a tué pour avoir de l'argent. On vole pour de l'argent ! » Mais, le fait que l'argent ait été parfois associé à d'innombrables crimes ne prouve pas qu'il soit mauvais. Si un homme donnait une grosse somme à un autre pour que ce dernier tue quelqu'un, il se servirait mal de l'argent, l'utilisant dans un but destructeur. Vous pouvez également vous servir de l'électricité aussi bien pour tuer quelqu'un que pour éclairer une maison, de l'eau pour étancher la soif d'un enfant comme pour noyer cet enfant, du feu pour le réchauffer comme pour le brûler vif.

Autre exemple : si vous apportiez de la terre de votre jardin pour la mettre dans votre tasse à café du matin, cela serait mauvais, bien sûr ; pourtant, ni la terre ni le café ne le sont. La terre, en ce cas, est déplacée ; sa place est au jardin.

De même, si une aiguille se fichait dans votre pouce, cela serait mauvais ; l'aiguille ou l'épingle ont leur place sur une pelote et non point dans votre doigt.

Nous savons que les forces, les éléments de la nature ne sont point mauvais ; selon l'usage que nous en faisons, ils nous blessent ou nous servent, voilà tout.

5. Vous ne pouvez acheter que ce qui est vrai

Un homme me dit un jour : « Je suis sans le sou. Je n'aime point l'argent ; l'argent est cause de tous les maux. » Certes, l'*amour immodéré* de l'argent vous déséquilibrera. Vous êtes ici pour vous servir avec sagesse de votre puissance. Certaines personnes aspirent au pouvoir, d'autres à l'argent. Si vous vous dites : « Je veux de l'argent, rien que cela. Je vais me concentrer sur les moyens d'en amasser ; rien d'autre ne compte pour moi », vous en obtiendrez et ferez probablement fortune, mais vous aurez oublié que vous êtes ici pour mener une existence équilibrée. Or, « l'homme ne vit pas que de pain ».

Par exemple, si vous appartenez à une religion, à une secte, et que vous en deveniez fanatique, vous excluant de vos amis, de la société, de toute activité sociale, vous deviendrez déséquilibré, inhibé et frustré. **La nature exige l'équilibre.** Mais si tout votre temps est consacré aux choses et aux biens extérieurs, vous serez dépossédé de la paix de l'esprit, de l'harmonie, de l'amour, de la joie, de la santé parfaite.

Vous vous apercevez que *vous ne pouvez acheter ce qui est vrai.* Vous pouvez amasser une fortune et posséder des millions de dollars ; cela n'est point mauvais en soi. Mais l'amour de l'argent qui exclut tout le reste a pour résultat la frustration, les déceptions et les désillusions ; c'est en ce sens que l'argent est cause de votre mal.

6. Ne vous trompez pas de choix

En faisant de l'argent votre but unique vous vous trompez dans votre choix. Vous pensez que lui seul vous est nécessaire, pour vous apercevoir ensuite qu'après tous vos efforts ce n'est pas seulement d'argent dont vous avez besoin.

Ce que vous désirez vraiment, c'est *votre vraie place dans la vie,* la paix de l'esprit et l'abondance. Vous pouvez être à la fois milliardaire et posséder la paix de l'esprit, l'harmonie, la santé parfaite et l'expression de votre divinité.

Chacun souhaite l'abondance, cette abondance qui se manifeste par le surplus ; et chacun devrait la posséder. Les aspirations, les désirs que nous ressentons pour la nourriture, les vêtements, le foyer, le meilleur moyen de transport, l'expression de nous-même, la procréation et l'abondance nous sont donnés par Dieu ; ils sont divins et bons, mais si nous dirigeons mal ces aspirations et ces désirs, il en résulte le mal et les expériences négatives dans notre vie.

L'homme n'a point mauvaise nature ; c'est Dieu, la Sagesse universelle, la Vie qui cherche à s'exprimer à travers vous.

Par exemple, un jeune garçon veut faire des études supérieures mais n'a pas d'argent. Il voit autour de lui d'autres adolescents fréquenter les collèges et les universités et son désir s'accroît. Il se dit : « Moi aussi je veux être instruit. » Un tel garçon pourrait voler ou détourner de l'argent pour faire ses études. Le désir qui l'animerait serait foncièrement bon, mais il l'aurait mal dirigé en violant les lois de la société, les lois cosmiques de l'harmonie, la Règle d'or (1) ; il en souffrirait alors le premier.

Cependant, si ce garçon avait connu les lois de l'esprit et ses propres possibilités sans limites, par l'usage de la Puissance spirituelle, de faire ses études, il serait libre et non en prison. Qui l'aurait mis en prison ? Lui-même. L'agent de police qui l'y enferma n'aurait été qu'un instrument des lois humaines qu'il aurait violées. Il

1. La Règle d'or : « Faites à autrui ce que vous voudriez qu'il vous fît. » (N.d.T.)

s'est d'abord emprisonné lui-même dans son esprit, en volant, en nuisant à autrui. La peur et le complexe de culpabilité ont suivi ; la prison de l'esprit a été suivie de celle des murs de briques et de pierres.

7. L'argent doit circuler librement

L'argent est un symbole de l'opulence, de la beauté, du raffinement et de l'abondance de Dieu ; il doit être employé sagement, judicieusement et constructivement pour bénir d'innombrables façons l'humanité. Ce n'est qu'un symbole de la santé économique de la nation.

Lorsque votre sang circule librement, vous êtes en bonne santé. Lorsque l'argent circule librement dans votre vie, vous êtes économiquement sain. Lorsque l'on commence à thésauriser, à mettre l'argent dans les boîtes de fer en tremblant de peur, il y a maladie économique.

Le krach de 1929 fut une réelle panique psychologique ; la peur s'empara de tous les esprits ; ce fut une sorte d'envoûtement négatif, d'hypnose collective.

Nous vivons dans un monde subjectif et objectif. Nous ne devons pas négliger les nourritures spirituelles : la paix de l'esprit, l'amour, la beauté, l'harmonie, la joie et la gaieté.

La connaissance de la puissance spirituelle est le moyen qui mène à la route royale des richesses de toutes sortes, que votre désir soit d'ordre spirituel, mental ou matériel. Celui qui étudie les lois de l'esprit, du Principe spirituel, sait parfaitement bien qu'en dépit de la situation économique, des fluctuations de la Bourse, des grèves, des guerres ou d'autres conditions et circonstances, il sera toujours largement pourvu quelle que soit la forme que puisse prendre la monnaie d'échange.

La raison en est qu'il demeure dans la conscience de la richesse. Il a convaincu son esprit que la richesse coule librement à jamais dans sa vie et que toujours il y a un surplus divin. S'il y avait demain une guerre et que toutes les valeurs de cet étudiant de la Vérité soient réduites à néant (comme ce fut le cas des marks allemands après la Première Guerre mondiale), il continuerait à s'attirer la richesse et à être pourvu, quelle que soit la forme que prendrait la nouvelle monnaie.

8. La richesse est un état de conscience

La richesse est le produit d'un esprit qui s'attend à voir couler la Provision divine éternellement. Celui qui sait penser scientifiquement considère l'argent, ou la richesse, comme une marée qui se retire mais revient toujours. La marée ne s'arrête jamais ; il en sera de même de l'abondance pour celui qui fait confiance à l'immortelle et inchangeable Présence qui est omniprésente et qui s'écoule sans cesse.

Celui qui connaît le mécanisme du subconscient ne s'inquiète jamais, par conséquent, de la situation économique, des paniques en Bourse, de la dévaluation ou de l'inflation de la monnaie, puisqu'il demeure dans la conscience de l'éternelle Providence de Dieu. Un tel être est toujours pourvu et protégé par cette immanente Présence. Considérez les oiseaux, car ils ne sèment ni ne moissonnent, ni ne rangent les moissons dans les granges ; et pourtant votre Père céleste les nourrit. Ne valez-vous pas beaucoup plus qu'eux ?

Tandis que vous communiez avec la divine Présence, affirmant et sentant qu'Elle vous conduit et vous guide dans toutes vos voies, qu'Elle est une Lampe pour vos pieds et une Lumière sur votre route, vous êtes divinement enrichi et pourvu, au-delà de vos rêves les plus incroyables.

Voici un moyen simple pour imprimer sur votre subconscient l'idée de la provision constante, de la richesse : détendez-vous ! Calmez les rouages de votre esprit, laissez-vous aller et immobilisez votre attention. Entrez dans un état somnolent, méditatif ; cela aura pour effet de réduire au minimum l'effort. Tranquillement, réfléchissez alors aux simples questions suivantes : D'où viennent les idées ? D'où vient la richesse ? D'où venez-vous vous-même ? D'où sont venus votre cerveau et votre esprit ? Vous serez ainsi ramené à l'unique Source.

Vous êtes à présent prêt à effectuer un travail spirituel. Votre intelligence ne se cabrera plus à l'idée que la richesse est un état d'esprit. Répétez lentement pendant quatre à cinq minutes trois ou quatre fois par jour, la petite phrase suivante, doucement, particulièrement au moment de vous endormir : « L'argent circule à jamais librement dans ma vie et il y a toujours un surplus Divin. »

En faisant cela régulièrement et systématiquement, l'idée de la richesse va atteindre les profondeurs de votre esprit et vous développerez en vous-même **la conscience de la richesse.** La répétition mécanique, passive, ne suffirait point à établir en vous l'état de conscience de la richesse ; vous devez commencer à *sentir* la vérité de ce que vous affirmez. Vous savez ce que vous faites et pourquoi vous le faites. Vous savez aussi que votre être profond répond à ce que, consciemment, vous acceptez comme étant vrai.

9. L'idée dominante

Au commencement de leurs études, ceux qui ont des difficultés pécuniaires n'obtiennent point de résultats par des affirmations telles que : « Je suis riche… Je suis prospère… Je réussis… » ; de telles affirmations peuvent avoir pour résultat une aggravation de leur situation. La raison en est que le subconscient n'acceptera que l'idée dominante, le sentiment dominant. Lorsqu'ils disent : « Je suis prospère », leur sentiment de pénurie est plus fort et quelque chose en eux dit : « Non, tu n'es point prospère, tu es sans le sou ! »

Le sentiment de pénurie dominant chaque affirmation suscite en eux la conscience d'être démuni et leur pauvreté s'accroît. Le moyen, pour les novices, de surmonter cet état de choses, est d'affirmer ce sur quoi conscient et subconscient doivent s'accorder ; il n'y aura ainsi plus de contradiction. Notre subconscient accepte nos croyances, nos sentiments, nos convictions et ce que, consciemment, nous acceptons comme étant vrai. On peut obtenir la coopération du subconscient en se disant : « Je suis chaque jour plus prospère… Chaque jour je crois en la richesse et en la sagesse… Ma richesse se multiplie chaque jour… J'avance, je crois, je m'affermis pécuniairement… » Ces phrases, ou d'autres qui seraient semblables, ne créeraient aucune opposition dans l'esprit.

Par exemple, supposons un vendeur qui n'aurait que dix francs dans sa poche ; il conviendrait facilement qu'il pourrait en avoir davantage le lendemain. Et si, le lendemain, il vendait une paire de chaussures, rien en lui ne s'opposerait à l'idée qu'il peut encore accroître ses ventes. Il dirait donc : « Chaque jour mon chiffre d'affaires augmente… Mes affaires sont de plus en plus prospères… » Ces affirmations lui sembleraient psychologiquement valables, acceptables par son esprit, et elles produiraient d'heureux résultats.

L'étudiant avancé de la Vérité qui dit tranquillement, en sentant bien ce qu'il dit : « Je suis prospère… Je suis la réussite… Je suis riche… », obtient également de merveilleux résultats. Pourquoi ? Parce que en pensant, sentant ou disant : « Je suis prospère », il entend par là que Dieu est Provision, Richesses infinies et que ce qui est vrai en ce qui concerne Dieu l'est également à son propre sujet. En disant : « Je suis riche », il sait que Dieu est Provision infinie, Trésor inépuisable. Et il sait qu'il en est de même de lui, parce que **Dieu est en nous tous.**

10. Ne pas créer d'opposition en soi

Beaucoup de personnes obtiennent de merveilleux résultats en méditant sur trois idées abstraites telles que la santé, la richesse et le succès. La *santé* est une réalité divine, une qualité de Dieu. La *richesse* est de Dieu ; elle est éternelle et sans fin. Le *succès* est de Dieu ; Dieu réussit toujours dans toutes Ses entreprises.

Certains obtiennent de remarquables résultats lorsque, se tenant devant leur miroir pour se raser, ils répètent pendant cinq ou dix minutes : « Santé, richesse et succès. » Ils ne disent point : « Je suis en bonne santé », ou « Je suis prospère », et par conséquent ne créent point d'opposition dans leur esprit. Etant détendus et calmes, leur esprit est passif et réceptif et ils répètent leurs affirmations. D'étonnants résultats s'ensuivent. Ils ne font que s'identifier aux vérités qui sont éternelles, inchangeables et hors du temps.

Vous pouvez, vous aussi, développer en vous la conscience de la richesse. Mettez en pratique les principes énoncés et expliqués dans cet ouvrage, et votre vie s'épanouira.

11. La richesse est dans votre esprit

Il y a bien des années, je connus en Australie un jeune garçon qui désirait être chirurgien mais qui n'avait pas d'argent pour faire ses études ; il n'avait pas même son baccalauréat ! Pour vivre et pouvoir étudier, il nettoyait les cabinets de consultations de plusieurs médecins, lavait les carreaux et faisait toutes sortes de réparations. Il me dit que chaque soir, en s'endormant, il visualisait sur le mur de sa chambre un diplôme qui portait son nom en grosses lettres. Ayant l'habitude d'essuyer les verres qui recouvraient les diplômes des médecins chez lesquels il travaillait, il lui était facile de reproduire un diplôme dans son esprit et de maintenir sur lui son attention. Je ne sais combien de temps il le fit, mais cela se poursuivit sans doute pendant plusieurs mois.

Les résultats firent honneur à sa persistance. Un des médecins se prit pour lui d'une grande amitié et, après qu'il lui eut appris à stériliser les instruments, à faire des piqûres et à donner des soins d'urgence, le jeune homme devint son assistant. Puis son patron l'envoya au collège et ensuite à la faculté.

Aujourd'hui, ce garçon est devenu un éminent praticien à Montréal. Il avait fait un rêve duquel il fit une claire image en son esprit ! Sa richesse résidait dans son esprit.

La richesse, c'est votre désir, votre talent, votre aspiration à servir, à être utile à la société, votre amour de l'humanité en général. Ce garçon se servit inconsciemment d'une grande loi. Troward dit : « En contemplant la fin, vous avez créé les moyens de parvenir à cette fin. » La fin de ce garçon était de devenir chirurgien. En contemplant, en imaginant, en voyant et en sentant qu'il était médecin, *dans le présent même,* en vivant avec cette idée, en la nourrissant, en s'en éprenant jusqu'à ce que, par son imagination, elle pénètre son subconscient, devenant une conviction profonde, il prépara les voies pour l'accomplissement de son rêve.

Il aurait aussi bien pu se dire : « Je suis sans instruction… Je n'ai point de relations… Je suis trop vieux pour faire des études… Je n'ai pas d'argent ; il me faudrait des années pour atteindre mon but, et puis je ne suis pas intelligent… » et il aurait été battu avant d'entrer en lice. Sa fortune vint de ce qu'il se servit de la Puissance spirituelle qui était en lui et qui répondit – comme elle le fait toujours – à sa pensée.

12. Les moyens nous restent invisibles

Les moyens par lesquels notre prière est exaucée nous sont toujours cachés sauf parfois, lorsque nous percevons intuitivement une partie du processus. « Mes voies sont imprévisibles. » Les *moyens* nous sont inconnus. La seule chose que nous ayons à faire c'est d'imaginer et d'accepter mentalement notre but ; il faut ensuite en laisser le développement à la sagesse subjective intérieure.

Souvent cette question nous est posée : « Que dois-je faire après avoir médité sur le but que je cherche à atteindre et avoir accepté mon désir ? » La réponse est bien simple : vous serez contraint de faire tout ce qui est nécessaire pour l'accomplissement de votre idéal. La loi du subconscient est astreignante. La loi de la vie est action et réaction. Ce que nous faisons est la réponse automatique aux mouvements profonds de notre esprit, à notre sentiment, à notre conviction profonde.

Il y a quelques mois, en m'endormant chaque soir, j'imaginais que je lisais un de mes livres les plus populaires, *la Magie de la foi,* en français. Je me mis à imaginer ce livre répandu dans tous les pays de langue française. Chaque soir, je m'endormais avec entre les mains une imaginaire édition française de cet ouvrage.

Un peu avant la Noël 1954, je reçus une lettre d'un des éditeurs les plus renommés de Paris. Cette lettre contenait un contrat que l'éditeur me priait de signer en lui donnant l'autorisation de publier et de diffuser dans tous les pays de langue française l'édition française de *la Magie de la foi.*

Si vous me demandiez ce que j'ai fait au sujet de la publication en français de cet ouvrage, après avoir prié à cet effet, je serais obligé de répondre : « Rien ! » La sagesse subjective s'étant emparée de mon image mentale lui donna corps à sa façon, et cela se fit bien mieux que par toute autre méthode que j'aurais pu consciemment désirer.

13. La fin détermine les moyens

Tous nos mouvements extérieurs, toutes nos actions suivent les mouvements profonds de notre esprit. L'action intérieure précède toute action extérieure. Les actes physiques – ceux que vous semblez accomplir subjectivement – font partie d'un prototype que vous êtes contraint de suivre.

Nous l'avons dit, **en acceptant la fin vous déterminez les moyens par les-**

quels va se réaliser cette fin. Croyez que vous l'avez reçue et vous la recevrez.

Cessez de nier votre bien. Prenez conscience de ce que la seule chose qui nous sépare des richesses qui sont tout autour de nous, c'est notre attitude mentale, c'est-à-dire la manière dont nous considérons Dieu, la vie et le monde en général.

Sachez, croyez et agissez dans la certitude qu'il n'existe aucune raison pour que vous n'ayez pas, que vous ne soyez pas, que vous n'accomplissiez pas quoi que ce soit que vous souhaitez au moyen des grandes lois de Dieu.

14. Vous possédez toute chose

La connaissance du mécanisme de votre esprit est votre sauveur, votre rédempteur. Votre destinée est contenue dans votre pensée et dans votre sentiment. **Par droit de conscience, vous possédez toute chose ;** la conscience de la santé produit la santé ; la conscience de la richesse produit la richesse. Le monde semble parfois vous refuser ce pour quoi vous priez, vous faire opposition, et il arrive que vos sens vous abusent.

Si, par exemple, vous dites à un ami que vous projetez une nouvelle affaire, il va peut-être vous indiquer toutes les raisons pour lesquelles vous pouvez vous attendre à échouer dans votre tentative. Et si vous vous laissez prendre à l'hypnose de sa suggestion, il imprimera dans votre esprit la crainte de l'échec. Mais lorsque vous apprenez à connaître la Puissance spirituelle qui est une et indivisible et qui répond à votre pensée, vous rejetez l'obscurantisme et l'ignorance du monde ; vous savez que **vous possédez tout ce qui est nécessaire,** toute la puissance, toutes les connaissances pour réussir.

15. Bannissez envie et jalousie

Pour marcher dans la Voie royale vers les richesses, ne placez pas des obstacles ou des embûches sur la route d'autrui ; ne soyez pas davantage jaloux ou envieux. En fait, lorsque vous entretenez ces états d'esprit négatifs, vous vous faites du mal, parce que vous le pensez et le sentez. « La suggestion que vous donnez à autrui, comme l'a dit Quimby, vous vous la donnez à vous-même. » C'est pourquoi la loi de la Règle d'or est une loi cosmique, divine.

Je suis sûr que vous avez entendu des hommes dire : « Ce type-là est un bandit… Il gagne l'argent malhonnêtement… C'est un escroc… Je l'ai connu quand il n'avait rien… C'est un voleur, un gangster… » Si vous étudiez celui qui parle ainsi, vous vous apercevez qu'il est habituellement dans le besoin ou bien en proie à quelque déboire pécuniaire ou à quelque maladie. Peut-être encore, ses anciens condisciples sont-ils parvenus au succès, le dépassant, et leur réussite l'a rendu amer, envieux. C'est la raison de sa chute, de sa défaite. Pensant négativement à ses anciens camarades, critiquant leurs richesses, il fait fuir la richesse, la prospérité pour laquelle il prie. Il condamne ce pourquoi il prie. Sa prière est double ; d'une part il dit : « Dieu me rend prospère » puis, l'instant d'après, il pense : « Je déteste la richesse de X. »

Prenez toujours soin de bénir autrui, de vous réjouir de sa prospérité, de son succès ; ce faisant, vous vous bénissez, vous vous enrichissez vous-même.

Si, étant à la banque, vous voyez votre concurrent déposer vingt fois plus que vous, ou que vous le voyez déposer dix mille dollars, réjouissez-vous, soyez heureux de voir l'abondance de Dieu se manifester à travers un de Ses fils. Ainsi vous bénissez et exaltez ce pourquoi vous priez. **Ce que vous bénissez, vous le multipliez. Ce que vous condamnez, vous le perdez.**

Si vous travaillez dans une grande société et que, silencieusement, vous pensez que vous êtes mal payé, que vous n'êtes point convenablement apprécié, que vous méritez plus d'argent et plus de considération, vous êtes en train de vous séparer subconsciemment de cette entreprise. Vous mettez en marche une loi, et lorsque le directeur ou le chef du personnel vous dit : « Nous devons nous priver de vos services », c'est vous-même qui vous congédiez. Le directeur n'a été que l'instrument par lequel votre propre état de conscience négatif s'est confirmé, le porteur du message que vous avez conçu comme étant vrai à votre sujet. Cela est un exemple de la loi d'action/réaction, de cause à effet. La cause fut le mouvement profond de votre esprit ; la réaction, la réponse du monde extérieur, se conformant à votre pensée profonde.

En lisant cela, vous pensez peut-être à quelque individu prospère qui doit sa fortune au fait qu'il a dépouillé ou frustré autrui, en lui faisant faire de mauvais placements, etc. Lorsque nous volons, trompons ou frustrons autrui, c'est nous-même que nous dépouillons, c'est à nous-même que nous nuisons. Pour agir ainsi, il faut d'abord avoir un état de conscience de pauvreté qui ne peut que nous attirer des pertes. Pour voler autrui, il faut avoir la conscience, la peur de manquer. Et ces pertes peuvent venir de diverses façons : pertes de la santé, du prestige, de la paix de l'esprit, de la position sociale, maladie dans la famille, mauvaises affaires… La réaction ne sera pas nécessairement une perte d'argent.

16. Nos voleurs intérieurs

N'est-ce pas merveilleux de mettre le soir la tête sur l'oreiller surtout si l'on est en paix avec le monde tout entier, si l'on a le cœur rempli de bonne volonté envers tous les humains ? Il est des hommes qui ont accumulé l'argent improprement, en trompant, en escroquant. Quel est le prix de ces tristes agissements ? Parfois une maladie mentale ou physique, des complexes de culpabilité, des insomnies, des peurs cachées. Comme un homme me l'a dit : « Oui, j'ai brutalement écrasé ceux qui me gênaient. J'ai obtenu ce que je voulais, et en même temps le cancer ! » Il comprenait qu'il s'était enrichi malheureusement.

Pourtant, on peut être riche et prospère sans faire de mal à quiconque. Bien des gens se volent eux-mêmes : ils se dérobent la paix de l'esprit, la santé, la joie, l'inspiration, le bonheur et le rire de Dieu. Ils ont beau dire qu'ils n'ont jamais volé, cela n'est point vrai. Chaque fois que nous entretenons un ressentiment envers autrui, chaque fois que nous sommes jaloux ou envieux de la richesse et du succès d'autrui, nous nous dépouillons nous-même. Car ce sont là des voleurs tels que ceux dont Jésus débarrassa le Temple ; de même devons-nous les chasser impitoyablement. Ne leur permettons pas de vivre en notre esprit. Décapitons-les avec le glaive de la pensée juste et du sentiment pur.

Je me souviens d'avoir lu, dès les premiers jours de la guerre, qu'une femme avait fait le tour de toutes les épiceries pour acheter tout le café qu'elle pouvait trouver. Elle savait qu'il allait être rationné et craignait d'en manquer. Elle mit sa réserve dans sa cave et, le soir même, se rendit à l'église. Pendant son absence, des cambrioleurs pénétrant chez elle emportèrent non seulement sa réserve de café, mais de l'argenterie, de l'argent, des bijoux et d'autres bibelots.

Cette femme dit ce que tous ses semblables disent : « Pourquoi cela m'est-il arrivé tandis que j'étais à l'église ? Je n'ai jamais volé personne ! » Et pourtant, n'était-elle pas dans la conscience de la pénurie et de la peur lorsqu'elle se mit à faire des réserves illicites de café ? Cet état d'esprit, cette peur de manquer lui avaient attiré la perte de ses biens. Elle n'avait pas eu besoin de vider une caisse, de voler une banque ; sa peur de la pénurie avait provoqué la pénurie.

Voilà pourquoi tant de personnes que la société appelle de « bons citoyens » sont victimes de vols. Au sens mondain du mot, ils sont bons, c'est-à-dire qu'ils payent leurs impôts, respectent les lois, vont voter, font des dons charitables, mais ils sont jaloux des richesses d'autrui, de sa fortune ou de sa position sociale. S'ils ont le désir secret de s'approprier ce qui ne leur appartient point, cette attitude est très nettement un état de pénurie et peut leur attirer charlatans ou escrocs qui les dépouilleront dans leurs affaires.

Avant que le voleur ne nous vole, nous nous sommes volé nous-même. Il faut qu'il y ait un voleur intérieur pour que le voleur extérieur apparaisse.

17. Complexe de culpabilité

Certains ont un complexe de culpabilité et s'accusent constamment. J'ai connu un tel homme, très honnête caissier de banque. Il ne volait point, mais avait une liaison et, à cause d'elle, frustrait sa famille. Il vivait dans la crainte d'être découvert ; il en résulta un profond sentiment de culpabilité. La peur fait suite à la faute. La peur entraîne la contraction des muscles et des muqueuses ; cet homme ne tarda pas à être en proie à une sinusite aiguë et les médicaments ne le soulageaient que temporairement.

Il vint me consulter et je lui donnai l'explication de son mal, lui disant que la guérison consistait à se débarrasser de sa liaison illégitime. Il répondit qu'il ne le pouvait pas, que cette femme était la femme de sa vie, la compagne de son âme, qu'il avait essayé, sans y parvenir, de se séparer d'elle. Il se condamnait et s'accusait sans cesse.

Un jour, il fut accusé par un des directeurs de la banque d'avoir détourné des fonds ; la situation était grave, tout semblant le confondre. Pris de panique, il comprit que la seule raison pour laquelle il était injustement accusé était le fait de s'être accusé et condamné lui-même. Il comprit le mécanisme de la pensée. S'accusant intérieurement, il était accusé a l'extérieur.

Sous le coup du choc de l'accusation de détournement, il rompit avec sa maîtresse et se mit à prier pour l'harmonie divine et pour que la lumière se fasse entre son directeur et lui, disant : « Rien n'est caché qui ne doive être découvert. La paix de Dieu règne suprême dans l'esprit et dans le cœur de tous ceux qui m'entourent. »

La vérité éclata ; on découvrit le coupable, et l'accusé comprit que seule la prière l'avait sauvé de la prison.

18. Ce qui sert autrui vous sert également

La grande loi nous dit : « Comme tu veux qu'autrui pense à ton sujet, pense à lui de même. Les sentiments que tu voudrais qu'autrui nourrisse à ton égard, nourris-les au sien. »

Dites donc de tout votre cœur : « Je souhaite pour tous les hommes ce que je souhaite pour moi-même. Le vœu sincère de mon cœur est donc la paix, l'amour, la joie, l'abondance et les bénédictions de Dieu pour tous. » Réjouissez-vous du progrès, de l'avancement, de la prospérité de tous.

Ce que vous revendiquez pour vous-même, revendiquez-le pour tous les êtres. Si vous priez pour le bonheur et pour la paix de l'esprit, que ce soit dans la paix et le bonheur de tous. Ne faites rien pour priver autrui de joie, c'est vous-même qui vous dépouilleriez. **Ce qui sert autrui vous sert également.**

Si quelqu'un reçoit de l'avancement dans la firme pour laquelle vous travaillez, soyez en heureux et content. Félicitez-le, réjouissez-vous de son avancement et de la considération dont il est l'objet. Si vous en éprouvez du dépit ou de la colère, vous vous nuisez à vous-même. Ne faites rien qui puisse retirer à autrui le droit que Dieu lui a donné au bonheur, au succès, à la réussite, à l'abondance et à toutes bonnes choses.

Jésus dit : « Amassez-vous des trésors dans le ciel où ni les vers ni la rouille ne détruisent et où les voleurs ne percent ni ne dérobent. » La haine et le ressentiment pourrissent et corrodent le cœur ; il en résulte que nous sommes pleins de toxines, d'impuretés, de poison.

Les trésors du ciel sont les vérités de Dieu que nous possédons en notre âme. Remplissez votre esprit de paix, d'harmonie, de foi, de joie, d'honnêteté, d'intégrité, de bienveillance et de douceur ; vous vous amasserez ainsi des trésors dans les cieux de votre propre conscience.

Si vous avez besoin de sagesse pour faire des placements, si vous êtes inquiet au sujet de vos valeurs, dites tranquillement : « L'Intelligence infinie gouverne et protège mes transactions financières, et tout ce que j'entreprends prospère. » Dites-le fréquemment, vous verrez que vos placements seront sagement faits ; de plus, vous serez immunisé contre les pertes, car vous saurez vendre vos valeurs avant d'en souffrir.

Dites chaque jour la prière suivante pour votre foyer, vos affaires et vos biens : « La Présence infinie qui gouverne les planètes dans leur course et qui fait briller le soleil, garde mes biens, mon foyer, mes affaires et tout ce qui est mien. Dieu est ma forteresse et mon coffre-fort. Tous mes biens sont saufs en Dieu. » En vous remémorant chaque jour cette grande vérité et en observant les lois de l'amour, vous serez toujours guidé, protégé et enrichi de toutes les façons. Vous ne souffrirez jamais de pertes, car vous avez choisi pour conseiller et pour guide le Très-Haut.

L'Amour de Dieu vous entoure, vous enveloppe et cela à tout instant. Vous reposez dans les Bras éternels de Dieu.

19. La direction intérieure

Nous devons chercher la direction intérieure pour résoudre nos problèmes. S'il s'agit pour vous d'un problème financier, répétez-vous, en vous endormant le soir : « Je vais dormir en paix… J'ai remis cette affaire à la Sagesse divine qui est en moi. Elle connaît la réponse. Tout comme le soleil se lèvera demain matin, ma réponse sera ressuscitée. Je sais que le soleil ne manque point de se lever. »

Puis, endormez-vous. Ne vous inquiétez jamais au sujet d'un problème, ne vous agitez pas. La nuit porte conseil. Dormez dessus. Votre intellect ne peut résoudre tous vos problèmes. Priez pour la Lumière qui va venir. Souvenez-vous que toujours le jour se lève ; alors les ténèbres s'enfuient. Que votre sommeil de chaque nuit soit celui de la félicité, du contentement.

20. Les états de conscience pauvres

Vous n'êtes point victime des circonstances à moins que vous ne le croyiez. Vous pouvez vous élever jusqu'à surmonter toutes les circonstances, toutes les conditions. Votre vie se transformera si vous vous maintenez sur le roc de la Vérité spirituelle, fidèle à vos désirs, à vos desseins profonds.

Les directions des grands magasins emploient des détectives privés pour éviter le vol ; ceux-ci arrêtent chaque jour un certain nombre de personnes qui essayent d'obtenir quelque chose pour rien. Tous ces gens-là vivent dans une conscience de pénurie et de limitation et se volent eux-mêmes, s'attirant en même temps toutes sortes de pertes. Ils manquent de foi en Dieu, ignorant le mécanisme de leur propre esprit. S'ils priaient pour être dirigés vers leur vraie place, pour être l'expression divine et pour Sa provision par l'honnêteté, l'intégrité et la persévérance, ils s'honoreraient et seraient honorés par la société tout entière.

Jésus dit : « Car les pauvres sont toujours avec vous ; mais vous ne m'avez pas toujours. » Les *états de conscience pauvres* sont toujours avec nous en ce sens que quel que soit le degré de votre fortune actuelle, il reste encore un désir dans votre cœur (cela peut être un problème de santé, un fils ou une fille bien-aimés qui ont besoin de directives spirituelles, ou bien c'est l'harmonie qui manque à la maison). Par ces états, vous êtes pauvres.

Nous ne pourrions connaître l'abondance sans être conscients de la pénurie.

« J'en ai choisi douze, et l'un de vous est un démon. »

Qu'il s'agisse du roi d'Angleterre ou d'un petit mendiant, nous naissons tous dans les limitations et l'ignorance de l'entendement collectif. C'est par ces limitations que nous croissons. Nous ne pourrions jamais découvrir la Puissance intérieure sans les problèmes et les difficultés que sont nos états de pauvreté qui nous aiguillonnent vers la recherche de la solution. Nous ne connaîtrions point la joie si nous étions incapables de verser une larme. Pour chercher la libération et monter jusqu'à l'opulence de Dieu, il faut connaître la pauvreté.

Les *états de pauvreté* tels que la peur, l'ignorance, le souci, la pénurie et la douleur ne sont point mauvais. Lorsque vous êtes en proie à la souffrance, que tout semble s'acharner contre vous, lorsque votre cœur déchiré dit : « Pourquoi cela m'arrive-t-il ?... Pourquoi cette malchance s'acharne-t-elle sur moi ? », la lumière se fera dans votre esprit. Par la souffrance, la douleur ou la misère morale, vous découvrirez la vérité qui vous libérera. « Doux sont les moyens de l'adversité, tel un crapaud, repoussant et vénéneux et qui porte pourtant un joyau précieux sur le front. »

21. L'insatisfaction mène à la satisfaction

A travers l'insatisfaction, nous sommes conduits à la satisfaction. Tous ceux qui étudient les lois de la vie ont été des insatisfaits, ayant eu quelque problème ou quelque difficulté qu'ils ne parvenaient point à résoudre ; ou bien les réponses humaines aux énigmes de la vie ne les satisfaisaient pas. C'est dans la Présence de Dieu en eux-mêmes – la perle de grand prix, la pierre précieuse – qu'ils ont trouvé leur réponse. La Bible dit : « J'ai cherché l'Eternel et je l'ai trouvé, et Il m'a délivré de toutes mes craintes. »

En réalisant vos ambitions et vos désirs, vous serez satisfait mais pour un temps seulement ; puis, à nouveau, vous sentirez le besoin de vous dépasser. La Vie cherche toujours à s'exprimer à travers vous sur des sommets toujours plus hauts. Lorsqu'un désir est satisfait, un autre apparaît et ainsi jusque dans l'infini. **Vous êtes ici pour croître.** La vie est progression ; elle n'est point statique. Vous êtes ici pour aller de gloire en gloire ; il n'y a point de fin car il n'est point de fin à la gloire de Dieu.

Nous sommes tous pauvres en ce sens que nous cherchons éternellement davantage de lumière, de sagesse, de bonheur, de joie plus grande dans notre vie. Dieu est infini et jamais vous ne pourriez épuiser l'Eternité de gloire, de beauté et de sagesse qui est en vous ; vous êtes merveilleux à ce point !

Dans l'absolu tout est accompli, mais dans le monde relatif nous devons nous éveiller à cette gloire qui était nôtre avant que le monde fût. Si sage que vous soyez, vous recherchez davantage de sagesse ; vous êtes donc encore pauvre.

Si intelligent et si bien informé que vous soyez dans le domaine des mathématiques, de la physique ou en astronomie, vous ne faites que gratter la surface. Vous êtes encore pauvre.

Vous vous dirigez toujours en avant, plus haut, vers Dieu. C'est un processus de réveil, par lequel vous prenez conscience de ce que la création est terminée. Lorsque vous comprenez que Dieu n'a ni à apprendre, à croître, à s'étendre ou à s'épanouir, vous vous éveillez peu à peu du rêve des limitations et devenez vivant en Dieu. A mesure que les écailles de la peur, de l'ignorance, des croyances et de l'hypnose collective tombent de vos yeux, vous commencez à voir comme Dieu voit. Les zones d'ombre s'évanouissent ; vous commencez à voir le monde tel que Dieu le fit, car vous le voyez à travers Ses yeux. C'est alors que vous dites : « Voici, le Royaume des Cieux est proche ! »

22. Nourrir le « pauvre » en nous

Nourrissez le « pauvre » qui est en vous ; vêtez les idées nues et donnez-leur forme en croyant à la réalité de l'idée, vous en remettant au grand Fabricant qui vous anime, pour qu'Il la revête de forme et d'objectivité. C'est ainsi que la *parole* (l'idée) deviendra *chair* (prendra forme).

Lorsque vous avez faim (l'état de pauvreté), vous cherchez de la nourriture. Lorsque vous êtes soucieux, vous cherchez la paix. Lorsque vous êtes malade, vous cherchez la santé et lorsque vous êtes faible, la force. Votre désir de prospérité c'est la voix de Dieu en vous-même qui vous dit que l'abondance vous appartient ; par votre état de pauvreté, donc, vous êtes poussé à croître, à vous étendre, à vous épanouir, à accomplir vos désirs.

Une douleur à l'épaule est une bénédiction déguisée ; c'est un cri d'alarme. Sans douleur, vous ne sauriez pas qu'il y a désordre, le mal s'envenimerait et votre bras pourrait tomber. La douleur est le système d'alarme prévu par Dieu pour vous dire de rechercher Sa Paix et Sa Puissance curative, de quitter les ténèbres pour la Lumière. Lorsque vous avez froid, vous faites du feu. Lorsque vous avez faim, vous mangez. Si vous êtes dans le besoin, entrez dans l'état d'esprit de l'opulence et de l'abondance ; imaginez la solution et réjouissez-vous-en. Lorsque vous imaginez la fin que vous souhaitez au point de sentir qu'elle est atteinte, vous avez déterminé les moyens de sa réalisation.

Lorsque vous avez peur ou que vous êtes soucieux, nourrissez votre esprit des grandes vérités de Dieu qui ont survécu au temps et qui sont éternelles. Vous pouvez recevoir du réconfort, par exemple en méditant les grands psaumes. « L'Eternel est mon berger, je ne manquerai de rien… Dieu est mon refuge et mon salut, de qui aurai-je crainte ?… Dieu est un secours qui ne manque jamais dans la détresse… Mon Dieu, en qui je place toute ma confiance… Il me couvrira de Ses plumes et je trouverai asile sous Ses ailes… Un avec Dieu est une majorité… Si Dieu est pour moi, qui sera contre moi ?… Je puis tout par le Christ qui me fortifie. »

Que les vibrations curatives de ces vérités inondent votre esprit et votre cœur ; vous chasserez de votre esprit toutes vos craintes, vos doutes, vos soucis par ce processus méditatif.

Absorbez une autre grande vérité spirituelle : « Un cœur joyeux fait un visage serein… Un cœur joyeux festoie sans cesse... Un cœur joyeux est un bon remède ; mais un esprit abattu dessèche les os... C'est pourquoi je t'exhorte à ranimer le don de Dieu qui est en toi. »

Commencez *dès maintenant* à ranimer en vous-même le don de Dieu en rejetant complètement le témoignage des sens, la tyrannie, le despotisme de l'entendement collectif et reconnaissez pleinement la Puissance spirituelle qui est en vous comme étant la seule Cause, la seule Puissance et la seule Présence. Prenez conscience de ce qu'elle est une Puissance sensible et bénéfique. « Approchez-vous d'elle et elle se rapprochera de vous. » Tournez-vous vers Elle avec une assurance, une confiance, un amour plein de ferveur ; Elle vous répondra par l'amour, la paix, les directives et la prospérité.

Elle sera votre Consolateur, votre Guide, votre Conseiller et votre Père céleste. Vous direz alors : « Dieu est Amour, je L'ai trouvé et Il m'a vraiment délivré de toutes mes craintes. » De plus, vous vous trouverez dans les verts pâturages, où l'abondance et toutes les richesses de Dieu couleront à travers vous.

Dites-vous souvent et joyeusement pendant la journée : « Je marche tout le jour dans la conscience de la Présence de Dieu... Sa plénitude coule à travers moi à chaque instant et remplit tous les vases vides de ma vie. »

23. Etes-vous comblé ?

Lorsque vous êtes tout rempli du sentiment d'être ce à quoi vous aspirez, votre prière est exaucée. Tous les vases de votre vie sont-ils pleins ? Etes-vous pleinement satisfait de votre santé, de l'état de vos finances ? Avez-vous tout l'amour que vous souhaitez, la parfaite expression de vous-même ? Sur ces quatre points essentiels – et qui résument tout ce que vous cherchez – êtes-vous comblé ?

Si vous dites : « Tout ce que je demande c'est la vérité, c'est-à-dire la sagesse », vous exprimez le désir de tous les hommes. C'est à cela que tous aspirent, bien qu'ils l'expriment parfois différemment.

La vérité et la sagesse sont le désir dominant de tout homme ; tous souhaitent exprimer Dieu de plus en plus, ici même, dès à présent.

Vous parvenez à la Lumière de Dieu par vos tribulations, vos limitations, vos besoins, vos problèmes et vous vous découvrez vous-même. Il n'est pas d'autre moyen pour ce faire.

Si vous ne pouviez vous servir de vos pouvoirs de deux façons, vous ne vous découvririez jamais, pas plus que vous ne pourriez déduire la loi qui vous gouverne. Si vous étiez *contraint* d'être bon, *contraint* d'aimer, ce ne serait pas l'amour ; vous ne seriez qu'un automate.

Vous avez la liberté d'aimer parce que vous pouvez donner ou refuser l'amour. N'êtes-vous point flatté quand une femme vous dit qu'elle vous aime, qu'elle souhaite que vous soyez à elle ? Elle vous a choisi parmi tous les hommes de la terre ; elle n'est point obligée de vous aimer et, si elle y était contrainte, vous n'en seriez ni flatté ni heureux.

24. Le sentiment est la loi

Vous êtes libre d'être un criminel ou un saint. C'est la raison pour laquelle nous louons pour leur choix certains hommes qui ont décidé d'opter pour le bien.

Si nous croyons que les circonstances, les conditions, les événements, l'âge, la race, la formation religieuse ou familiale peuvent nous empêcher de vivre une vie heureuse et prospère, nous sommes des voleurs, les voleurs de notre propre joie.

Tout ce qui est nécessaire pour exprimer le bonheur et la prospérité c'est de se sentir heureux et prospère. Le sentiment de la richesse produit la richesse. Nos états de conscience s'extériorisent. Voilà pourquoi il est dit : « Tous ceux qui m'ont précédé (le sentiment) sont des voleurs. » Le sentiment est la loi et la loi est le sentiment.

Votre désir de prospérité est en réalité la promesse de Dieu qui vous dit que Ses richesses sont vôtres ; acceptez cette promesse sans aucune réserve mentale.

Quimby (1) comparait la prière à l'action de l'avocat qui plaide devant un juge. Ce maître qui enseignait les lois de l'esprit disait qu'il pouvait prouver que l'accusé n'était point coupable, mais victime de mensonges et de fausses croyances. Vous êtes le juge ; vous rendez votre propre verdict et vous vous libérez vous-même. Les pensées négatives de besoin, de pauvreté, d'échec sont toutes fausses ; ce sont des mensonges, rien ne les justifie.

Vous savez qu'il n'y a qu'une Puissance spirituelle, une Cause première et, par conséquent, vous cessez de donner pouvoir aux conditions, aux circonstances et aux opinions des hommes.

Donnez donc tout pouvoir à la Puissance spirituelle qui est en vous, sachant qu'elle répondra à votre pensée d'abondance et de prospérité. Reconnaître la suprématie de l'Esprit qui vous anime et la Puissance de votre propre pensée, de votre image mentale, tel est le moyen de parvenir à l'opulence, à la libération et à

1. Quimby fut le père de la métaphysique moderne, la Pensée nouvelle (N.d.T.).

l'abondance constante. Acceptez en votre esprit la vie abondante. Votre acceptation mentale et votre attente de la richesse portent en elles leurs propres mathématiques et leurs moyens d'expression.

25. Passez à l'action

Tandis que vous entrez dans l'état de conscience de l'opulence, tout ce qui est nécessaire à la vie abondante se manifestera. Vous êtes le juge qui prononce sa décision devant le tribunal de votre esprit. Comme Quimby, vous avez apporté le témoignage indiscutable de son fonctionnement et vous vous êtes libéré de la peur. Vous avez décapité toutes les pensées de peur, toutes les superstitions en votre esprit.

La peur est le signal qui doit nous pousser à l'action ; la peur n'est point mauvaise en soi ; elle vous dit de changer, de vous rendre à son opposé, la foi en Dieu et en toutes les valeurs positives.

Que ceci soit votre prière quotidienne ; inscrivez-la dans votre cœur : « Dieu est ici source de ma provision. Cette provision est dès maintenant à moi. Les richesses de Dieu coulent librement vers moi, copieusement, abondamment. Je suis à jamais conscient de ma vraie valeur. Je prodigue librement mes talents et je suis merveilleusement, divinement rétribué. Merci, Père ! »

DEUXIEME PARTIE

Vers les richesses

LES richesses sont dans l'esprit. Supposons qu'on vole à un médecin son diplôme et ses instruments. Vous conviendrez bien que sa fortune étant dans son esprit, rien n'empêchera ce praticien d'exercer son art, de diagnostiquer, de prescrire, d'opérer et de faire des conférences. On ne lui a volé que des *symboles ;* il lui est loisible de s'en procurer d'autres. Ses richesses sont ses capacités mentales, les connaissances qui lui permettent de secourir ses semblables et sa capacité de contribuer au bien de l'humanité.

1. Servir ses semblables

Vous serez toujours riche lorsque vous aurez le désir intense de servir vos semblables. Le désir que vous éprouvez de prodiguer vos talents au monde trouvera toujours sa réponse dans le cœur de l'univers.

Je connaissais un homme à New York qui perdit tout ce qu'il possédait, son foyer, tout son avoir, pendant la crise de 1929. Je fis sa connaissance après une conférence que je prononçai dans un des hôtels de la ville. Voici ce qu'il me dit : « J'ai tout perdu. J'avais gagné un million de dollars en quatre ans. Je vais recommencer. Tout ce que j'ai perdu est un symbole, je puis à nouveau m'attirer le symbole de la richesse, tout comme le miel attire les mouches. »

Je suivis la carrière de cet homme pendant plusieurs années afin de découvrir la clé de son succès. Cette clé peut vous paraître étrange ; elle est néanmoins très ancienne. Il l'appelait : « Changer l'eau en vin ! » Il avait lu ce passage dans la Bible et avait compris qu'il contenait la réponse à tous nos besoins ; la santé parfaite, le bonheur, la paix de l'esprit et la prospérité.

2. Changer l'eau en vin

Le **vin,** dans la Bible, symbolise toujours la réalisation de nos désirs, de nos aspirations, de nos projets, de nos rêves, de nos propositions, etc. ; autrement dit, il représente la chose que nous désirons accomplir, atteindre ou produire.

L'**eau** se rapporte généralement à notre esprit, à notre conscience. L'eau prend la forme de tout récipient dans lequel on la verse. De même, tout ce que vous sentez profondément, tout ce que vous croyez et reconnaissez pour vrai va se manifester dans votre vie ; c'est ainsi que vous changez sans cesse l'eau en vin.

La Bible fut écrite par des hommes illuminés au sens propre de ce mot ; elle enseigne la psychologie pratique, quotidienne et unc qualité d'existence. Un de ses enseignements essentiels est que nous déterminons, façonnons, donnons forme à notre propre destinée par les pensées, sentiments et croyances vrais. Elle enseigne que nous sommes à même de résoudre tous les problèmes, de surmonter toutes les situations, et que nous sommes nés pour réussir et triompher. Pour découvrir la Voie royale vers les richesses, pour recevoir la force et la sécurité nécessaires pour avancer dans la vie, il faut cesser de considérer la Bible selon la tradition.

L'homme dont nous parlons, et qui était victime de la crise financière, se dit à lui-même fréquemment pendant les jours où il manquait d'argent : « Je puis changer l'eau en vin. » Il entendait par là : « Je puis échanger les idées de pauvreté de mon esprit contre l'état de conscience de mes désirs actuels, de mes besoins, la richesse, l'abondance. »

Son attitude mentale (l'eau) fut la suivante : « J'ai déjà fait honnêtement une fortune. Je la referai (le vin). » Il affirmait régulièrement : « J'ai déjà attiré à moi le symbole (l'argent), je l'attire de nouveau. Je le sais, je le tiens pour vrai (le vin). »

Cet homme se mit au travail en qualité de vendeur pour une maison de produits chimiques. Il lui vint des idées pour une meilleure diffusion de ces produits et il s'en ouvrit à la direction. Il ne tarda pas à devenir directeur adjoint de cette société et, quatre ans plus tard, on le nomma directeur principal. Son attitude mentale était : « Je puis changer l'eau en vin ! »

Considérez ce récit dans l'Evangile selon Jean au sens figuratif, et dites-vous, tout comme l'homme en question : « Je peux rendre visibles mes idées, mes aspirations, mes rêves et mes désirs invisibles, parce que j'ai découvert une loi de l'esprit, simple mais universelle. »

La loi dont notre ami fit la démonstration est celle de cause à effet : votre univers extérieur, votre corps, vos conditions de vie, votre entourage et votre situation pécuniaire sont toujours le reflet parfait de votre pensée profonde, de vos croyances, de vos sentiments, de vos convictions. Cela étant vrai, vous pouvez changer votre prototype de pensée en la maintenant sur l'idée du succès, de la richesse et de la paix de l'esprit.

Tandis que vous occupez votre esprit de ces concepts, ces idées vont peu à peu pénétrer votre mentalité comme s'enfoncent dans la terre les graines qu'on y sème. Et puisque toute semence (les pensées et les idées) croît selon sa nature propre, de même votre penser habituel et vos sentiments vont se manifester sous forme de prospérité, de succès et de paix de l'esprit. Les pensées sages (l'action) sont suivies d'actions justes et profitables (la réaction).

3. La prière est un festin de noces

Vous acquerrez les richesses lorsque vous comprendrez que la prière est un festin de noces. Le festin est psychologique ; vous méditez (vous mangez mentalement) sur le bien que vous désirez jusqu'à ce que vous ne fassiez plus qu'un avec ce bien.

Je vais vous conter l'histoire d'une jeune fille qui opéra son premier miracle pour transformer « l'eau en vin ». Elle avait un très beau salon de coiffure. Sa mère tomba malade et elle dut lui consacrer beaucoup de temps, ce qui l'obligea à négliger son commerce. Pendant son absence, deux de ses employées lui subtilisèrent de l'argent. Elle fut acculée à la faillite, perdit son foyer et se trouva fortement endettée. Elle était dans l'impossibilité de payer les frais d'hôpital pour sa mère et, de plus, se trouvait sans travail.

Je lui expliquai alors la formule magique pour changer l'eau en vin, insistant sur le fait que le vin signifie la prière exaucée, la manifestation objective de notre idéal.

Cette jeune fille en voulait au monde entier, me disant : « Mais considérez les faits ; j'ai tout perdu, le monde est cruel. Je ne puis payer mes notes, je suis incapable de prier ; j'ai perdu tout espoir. » Elle était absorbée par le monde matériel au point d'oublier complètement la cause intérieure de sa situation. A la faveur de notre conversation, elle commença à comprendre qu'elle avait à résoudre sa querelle avec le monde extérieur dans son esprit.

Quel que soient votre désir ou votre idéal, tandis que vous lisez ce livre, vous trouverez dans votre esprit une pensée ou une idée qui s'y oppose. Par exemple, vous désirez la santé et peut-être avez-vous simultanément des pensées comme celles-ci : « Je ne puis guérir. J'ai essayé, mais cela n'a servi à rien ; mon état empire… Je ne connais pas encore assez bien les moyens de guérison spirituelle. »

Lorsque vous vous étudiez, n'est-il pas vrai que vous êtes en lutte avec vous-même ? Tout comme ma jeune consultante, vous vous imaginez que votre entourage, vos affaires extérieures entravent votre désir de vous exprimer harmonieusement, de vivre dans l'abondance et la paix de l'esprit.

La vraie prière est un festin de noces mental ; elle nous apprend à mettre fin à notre conflit intérieur. Dans la prière vous « écrivez » en votre esprit ce que vous *croyez*. Emerson a dit : « L'homme est ce qu'il pense toute la journée. » Par votre penser habituel vous établissez les lois de vos propres croyances. En répétant une certaine chaîne de pensées, vous établissez dans votre entendement profond – le subconscient – certaines opinions et croyances bien définies ; ces opinions et croyances que vous avez acceptées vont diriger en maître toutes vos actions.

Comprendre cela et le mettre à exécution c'est changer « l'eau en vin », c'est-à-dire changer la pauvreté et les limitations en abondance et en opulence. Celui qui ignore ses propres pouvoirs spirituels est, par conséquent, soumis aux croyances en la pauvreté et en la limitation qu'entretient la race humaine.

4. Faites votre premier miracle

Ouvrez votre Bible à présent et faites votre premier miracle, comme la jeune coiffeuse fit le sien. Vous le pouvez. Si vous ne lisez la Bible que comme une suite de récits historiques, vous perdrez son sens spirituel, mental, scientifique, vous demeurerez dans l'ignorance des lois de l'esprit qu'elle enseigne.

Prenons le passage suivant : « Et le troisième jour il y eut un mariage à Cana en Galilée ; et la mère de Jésus s'y trouvait. » *Galilée* symbolise votre esprit, votre conscience. *Cana* c'est votre désir. Le mariage est purement mental, c'est la manifestation subjective de votre désir. Ce merveilleux drame de la prière est psychologique et tous les personnages représentent des états d'esprit, des sentiments et des idées qui sont en vous.

Une des significations du nom *Jésus* est : raison illuminée. La *mère de Jésus* signifie les sentiments, les états d'esprit, les émotions qui nous possèdent. « Jésus et ses disciples furent invités au mariage. »

Vos *disciples* ce sont les pouvoirs intérieurs et les facultés qui vous permettent de réaliser vos désirs.

« Et lorsqu'ils eurent envie de vin, la mère de Jésus lui dit : Ils n'ont pas de vin. » Le *vin,* nous l'avons dit, représente la prière exaucée, la manifestation de votre désir, de votre idéal. Vous voyez que cette scène représente le drame quotidien de votre propre vie.

Lorsque vous désirez accomplir quelque chose – semblable à cette jeune fille qui cherchait du travail, de l'argent, la solution à son problème – vous êtes assailli par des suggestions négatives telles que : « C'est sans espoir, tout est perdu. Je n'y arriverai pas. » C'est la voix du monde extérieur qui vous dit : « Ils n'ont pas de vin », c'est-à-dire : « Regarde les faits. » C'est votre sentiment de pénurie, de limitation, d'esclavage qui parle.

Comment allez-vous faire face aux défis que vous lancent les circonstances et les conditions extérieures ? Vous connaissez à présent les lois de l'esprit : « Tel je pense, tel je sens, et tel est mon monde extérieur, c'est-à-dire mon corps, mes finances, mon entourage, ma position sociale et tous les aspects de mes relations avec le monde et les hommes. » Autrement dit : vos attitudes mentales intérieures, les images mentales que vous entretenez, gouvernent, maîtrisent et dirigent la manifestation extérieure de votre vie.

5. La puissance du Moi

La Bible dit : « Tel un homme pense en son cœur, tel il est. » Le cœur est un mot chaldéen qui signifie subconscient. En d'autres termes, votre pensée doit atteindre les niveaux subjectifs en se servant de la puissance du Moi subliminal.

Votre pensée et votre sentiment déterminent votre destinée. La pensée, chargée de sentiment et d'intérêt, devient toujours subjective, se manifeste toujours dans votre univers. La *prière* est le mariage de la pensée et du sentiment, de l'idée et de l'émotion ; c'est ce que dépeint le festin des noces.

Toute idée, tout désir que l'on sent profondément, qu'ils soient bons ou mauvais, s'extériorisent. Connaissant cette loi mentale, sachant que ce que vous imaginez et sentez profondément va s'exprimer à travers vous, se manifester dans votre vie, vous allez commencer à discipliner votre esprit.

Lorsque les suggestions de pénurie, de crainte, de doute ou de désespoir (« Ils n'ont pas de vin ») vous viennent à l'esprit, immédiatement vous les rejetterez mentalement en fixant votre attention tout aussitôt sur la prière exaucée, c'est-à-dire sur l'accomplissement de votre désir.

Au deuxième chapitre de l'Evangile selon Jean nous lisons : « Mon heure n'est pas encore venue ! » et : « Femme, qu'y a-t-il entre moi et toi ? » Ce sont des expressions orientales figuratives, idiomatiques.

En paraphrasant cette citation nous disons que *femme* représente le sentiment négatif que vous admettez. Ses suggestions négatives sont sans pouvoir, sans réalité, rien ne les justifie. Par elle-même, une suggestion de pénurie n'a aucune puissance ; la puissance est dans votre propre pensée et dans votre sentiment.

Pour vous, qu'est-ce que Dieu ? *Dieu* est le nom que l'on donne à l'unique Puissance spirituelle. *Dieu* est l'unique Source invisible d'où émanent toutes choses.

Lorsque vos pensées sont constructives et harmonieuses, la Puissance spirituelle, qui répond à votre pensée, se manifeste sous forme d'harmonie, de santé et d'abondance. Pratiquez la merveilleuse discipline qui consiste à rejeter complètement toute pensée de pénurie en reconnaissant immédiatement l'accessibilité de la puissance spirituelle, et sa réponse à vos pensées, à vos images mentales constructives ; vous mettez alors en pratique la vérité contenue dans ces paroles : « Femme, qu'y a-t-il entre moi et toi ? »

« Mon heure n'est pas encore venue. » Cela veut dire que bien que vous n'ayez pas encore atteint une conviction, un état d'esprit positif, vous savez que mentalement vous êtes bien engagé, parce que vous fixez votre attention sur les idéaux, les buts, les objectifs positifs de la vie. Tout ce sur quoi l'esprit demeure, il le multiplie, le magnifie, l'oblige à croître, jusqu'à ce qu'il devienne empreint de ce nouvel état de conscience. Vous êtes à ce moment conditionné positivement, tandis que vous l'étiez négativement jusqu'alors.

L'homme éveillé spirituellement troque, par la prière, l'état d'esprit de pénurie contre celui de confiance, de paix et de foi en la Puissance spirituelle qui est en lui. Et parce que sa foi et sa confiance sont dans la Puissance spirituelle, sa mère (ses sentiments, ses états d'âme) enregistre un sentiment de triomphe et de victoire ; et c'est ce qui lui donnera la solution de son problème, la réponse à sa prière.

Les *vases de pierre* représentent les cycles mentaux que l'homme traverse pour provoquer la manifestation subjective de son désir. Le laps de temps peut être d'un moment, d'une heure ou d'un mois : il dépend de la foi et de l'état de conscience de l'étudiant de la Vérité.

6. Le festin des noces

Pour bien prier, nous devons nettoyer notre esprit des fausses croyances, de la crainte, du doute et de l'anxiété en nous détachant complètement du témoignage des sens et du monde extérieur.

Dans la paix et la quiétude de votre esprit, lorsque vous en avez arrêté les rouages, méditez sur la joie de la prière exaucée jusqu'à en ressentir la certitude intime, le sentiment que *vous savez que vous savez.* Lorsque vous avez réussi à vous *unir* à votre désir, vous avez réussi le mariage mental – l'union de votre sentiment à votre idée.

Je suis sûr que vous souhaitez être marié (être uni) à l'instant même dans votre esprit, à la santé, à l'harmonie, au succès, à la réussite. Chaque fois que vous priez, vous vous efforcez de célébrer le *festin des noces de Cana* (la réalisation de votre désir ou de vos idées). Vous souhaitez vous identifier mentalement au concept de paix, de succès, de bien-être et de parfaite santé.

« Ils les remplirent jusqu'au bord. » Les six vases de pierre représentent votre propre esprit au moment de l'acte créateur spirituel et mental. Il faut que vous remplissiez *jusqu'au bord* votre esprit, ce qui signifie qu'il faut que vous soyez tout rempli du sentiment d'être ce à quoi vous aspirez. Lorsque vous parvenez à remplir votre esprit de l'idéal que vous voulez accomplir ou exprimer, vous êtes « plein jusqu'au bord » ; alors, vous cessez de prier, car vous sentez la réalité de ce que vous désirez dans votre esprit. *Vous savez !* C'est un état de conscience d'accomplissement et vous êtes en paix

« Et il leur dit : Puisez maintenant, et portez à l'ordonnateur du repas. » Tout ce dont votre subconscient est imprégné se manifeste toujours sur l'écran de l'espace ; par conséquent, lorsque nous entrons dans la conviction que notre prière est exaucée, nous avons donné le commandement : « Portez à l'ordonnateur du festin. »

Vous gouvernez sans cesse votre festin mental. Au cours de la journée, des milliers de pensées, de suggestions, d'opinions, de visions et de sons frappent vos yeux et vos oreilles. Il vous est loisible de les rejeter comme étant indignes de votre consommation mentale ou de les entretenir ; c'est à votre gré. Votre intellect, votre raison consciente est l'ordonnateur du festin. Lorsque, consciemment, vous choisissez d'imaginer que le désir de votre cœur est déjà réalisé, lorsque vous méditez, lorsque vous festoyez sur cette réalisation, elle devient une vivante incarnation, elle fait partie de votre mentalité, de sorte que votre Moi profond lui donne naissance, c'est-à-dire expression.

Autrement dit, ce qui est imprimé subjectivement s'exprime objectivement. Vos sens et votre conscient voient la manifestation du bien que vous souhaitez.

Lorsque le conscient sait que « l'eau se change en vin », il comprend que la prière est exaucée. On peut aussi dire de l'*eau* qu'elle est la puissance spirituelle invisible, sans forme. Le *vin* c'est la conscience conditionnée, l'esprit donnant naissance à ses croyances et à ses convictions.

Les *serviteurs* qui puisent de l'eau pour vous représentent l'état d'esprit de paix, de confiance, de foi. Selon votre foi, votre sentiment, vous attirez ou repoussez votre bien.

7. L'union de l'esprit avec son désir

Eprenez-vous des principes spirituels qu'énonce ce livre, imprégnez-vous-en. Ce premier miracle de Jésus, ce mariage à Cana en Galilée, vous apprend que la prière est un festin de noces ; c'est l'union de l'esprit avec son désir.

L'amour est l'accomplissement de la loi. C'est un attachement émotionnel, le sentiment d'être uni à votre bien. Il faut que nous soyons fidèles à ce que nous aimons, loyaux à notre but, à notre idéal. Nous ne sommes point fidèles au désir que nous chérissons lorsque nous flirtons et contractons mentalement mariage avec la peur, le doute, le souci, l'anxiété ou les fausses croyances. L'amour est un état d'union, le sentiment de l'accomplissement.

Lorsque nous expliquâmes tout cela à la jeune coiffeuse, elle devint riche mentalement. Elle le mit en pratique dans sa vie. Voici comment elle pria, comprenant que l'*eau* (son propre esprit) remplirait tous les *vases vides* pour répondre à sa nouvelle façon de penser et de sentir.

Le soir, s'étant bien détendue et ayant tranquillisé son esprit, elle se servit constructivement de son imagination :

Premièrement, elle imagina les directeurs de sa banque la félicitant pour les sommes considérables qu'elle y déposait. Elle maintint cette image pendant environ cinq minutes.

Deuxièmement, elle imagina sa mère lui disant : « Je suis si heureuse de ta merveilleuse situation nouvelle ! » Elle entendit le son joyeux de la voix maternelle pendant trois à cinq minutes.

Enfin, elle s'imagina l'auteur du présent livre procédant à son mariage. Elle m'entendit, en tant que prêtre officiant, dire : « Je vous déclare unis par les liens du mariage. » Et elle s'endormit dans le sentiment heureux de la plénitude, de l'accomplissement, ressentant la joie de la prière exaucée.

Pendant trois semaines, il ne se passa rien ; en fait, l'état des choses s'aggrava, mais la jeune fille persévéra, refusant d'être battue. Elle avait compris que pour croître spirituellement il fallait qu'elle aussi accomplisse son premier miracle en changeant sa crainte en foi, son sentiment de pénurie en celui d'abondance et de prospérité ; changer son état de conscience (l'eau) pour celui des conditions, des circonstances qu'elle désirait exprimer

La Conscience, l'Etre, le Principe, l'Esprit… quel que soit le nom que vous Lui donnez, est la cause unique ; la seule Présence, la seule Puissance. La Puissance spirituelle, l'Esprit qui nous habite est la cause et la substance de toutes choses. Tout – les oiseaux, les arbres, les étoiles, le soleil, la lune, la terre, l'or, l'argent et le platine – tout, absolument tout, est sa manifestation.

Elle est, répétons-le sans jamais nous lasser, la cause et la substance de toute chose. « Il n'y a rien d'autre. »

Ayant compris cela, la jeune coiffeuse s'avisa que l'*eau* (la conscience) pouvait devenir sa providence sous la forme de l'argent, de sa situation idéale, de son expression parfaite, de la santé pour sa mère, du compagnon qu'elle souhaitait, de la plénitude de sa vie. En un clin d'œil, cette jeune fille fut éclairée ; cette vérité simple mais profonde lui apparut dans toute sa puissance et elle me dit : « *J'accepte* mon bien. »

Elle venait d'apprendre que **rien ne nous est caché ;** Dieu est tout entier en chacun de nous, attendant que nous Le découvrions, que nous Le recherchions.

Moins d'un mois plus tard je célébrai le mariage de cette jeune personne, prononçant les paroles qu'elle m'avait entendu dire à mainte et mainte reprises pendant sa méditation dans la détente : « Je vous déclare unis par les liens du mariage. »

Son mari lui offrit un chèque de vingt-quatre mille dollars comme présent de noces et un voyage autour du monde. Cette esthéticienne trouva de nouvelles raisons d'exercer son penchant pour la beauté en installant une belle demeure, un ravissant jardin et en transformant le désert de son esprit jusqu'à ce qu'il fleurisse comme une rose.

Oui, elle changea « l'eau en vin ». L'eau, sa conscience, fut changée, conditionnée par les images heureuses, vraies et constantes qu'elle entretint désormais en son esprit. De telles images, lorsqu'elles sont maintenues régulièrement, systématiquement avec foi dans le pouvoir réalisateur de l'Entendement intérieur, sortent de l'obscurité (le subconscient) pour entrer dans la lumière, c'est-à-dire qu'elles deviennent objectives sur l'écran de l'espace.

8. La richesse vous appartient de droit

Il est une règle importante : il ne faut pas exposer ce film nouvellement développé à la lumière dévastatrice de la peur, du doute, de la dépression et de l'inquiétude. Chaque fois que l'inquiétude et la crainte frappent à votre porte, détournez-vous-en pour contempler l'image que vous avez créée en votre esprit et dites-vous : « Une merveilleuse image est en train de se développer dans la chambre noire de mon esprit. » Et répandez sur cette image votre sentiment de joie, de foi et de certitude par la connaissance. Vous savez que vous vous servez d'une loi psychologique, spirituelle, car ce qui est imprimé doit s'exprimer. C'est merveilleux !

Voici un autre moyen sûr, certain, pour développer et manifester toutes les richesses matérielles dont vous pourrez jamais avoir besoin. Si vous vous servez sincèrement, fidèlement de cette formule, vous serez amplement récompensé sur le plan extérieur. Je vais vous en donner une illustration en vous parlant d'un homme qui vint me voir à Londres, et qui se trouvait dans un état pécuniaire désespéré. Il appartenait à l'Eglise d'Angleterre et il avait, d'autre part, étudié dans une certaine mesure le fonctionnement du subconscient.

Je lui recommandai de dire fréquemment au cours de la journée : « Dieu est la source de ma provision d'abondance et tous mes besoins sont pourvus à tout instant du temps, à chaque endroit de l'espace. » Je lui dis de penser au règne animal, à toutes les galaxies de l'espace qui tous sont pourvus et maintenus par l'Intelligence infinie. Considérez combien la nature est prodigue, généreuse, libérale.

Les poissons, les oiseaux, tous reçoivent leur subsistance (1).

Cet homme se mit à réfléchir sur ce que, depuis sa naissance, il avait été nourri par sa mère, vêtu par son père, soigné et protégé par des parents tendres et aimants. Il avait trouvé une excellente situation, s'étant avisé qu'il était illogique de penser que le Principe de vie qui l'animait et qui avait pourvu jusque-là à ses besoins cesserait tout à coup d'y répondre.

Il comprit qu'il avait lui-même coupé, tari sa source en entretenant vis-à-vis de son patron du ressentiment, en se condamnant, en se critiquant et en nourrissant le sentiment de sa propre indignité... Psychologiquement, il avait tranché le lien qui l'unissait à la Source infinie de toutes choses – l'Esprit intérieur, Principe de toute vie, que certains nomment « la Conscience ».

L'homme n'est point nourri par elle comme les oiseaux ; il lui faut communier constamment avec cette Présence, cette

---

1. Racine a dit :
« Aux petits des oiseaux, il donne leur pâture,
Et sa bonté s'étend sur toute la nature. »

Puissance intérieure, pour recevoir les directives, la force, la vitalité et tout ce qui est nécessaire à l'accomplissement de ses besoins.

Voici donc la formule qu'employa l'homme qui me consulta pour changer l'eau en vin de l'abondance et du succès financier. Il prit conscience de ce que Dieu, c'est-à-dire la Puissance spirituelle intérieure, était seule cause de toutes choses ; de plus, il comprit que s'il parvenait à admettre l'idée que la richesse lui appartenait par droit divin, il manifesterait l'abondance inépuisable.

Voici l'affirmation dont il se servit : « Dieu est la Source de ma provision inépuisable. Tous mes besoins pécuniaires et autres se trouvent comblés à chaque instant du temps et à chaque point de l'espace ; et j'ai toujours un divin surplus. » Cette simple déclaration, répétée fréquemment avec conviction et intelligence, conditionna son esprit et lui donna la conscience de la prospérité.

Il avait fallu qu'il *se vende,* en quelque sorte, cette idée positive, tout comme un bon vendeur doit être convaincu des mérites du produit qu'il commercialise (persuadé de l'intégrité de sa firme, de la haute qualité de son produit, des bons services qu'il rendra aux clients, de ce que son prix est convenable, etc.).

Je lui recommandai, lorsque les pensées négatives se présentaient à son esprit, de ne pas les combattre, de ne se quereller avec elles en aucune façon, mais de se répéter tranquillement et avec amour la formule spirituelle, mentale. Les pensées négatives ne manquèrent pas de l'assaillir ; chaque fois, il leur fit face avec une conviction positive, ferme et loyale : « Dieu subvient à tous mes besoins ; il y a un surplus divin dans ma vie. »

Il me dit que tandis qu'il conduisait sa voiture, pendant sa tournée quotidienne, une foule de concepts négatifs de toutes sortes se pressait de temps à autre dans son esprit tels que : « C'est sans espoir… Tu es sans le sous… » Mais il n'en continua pas moins à refuser de leur donner asile en son esprit en se tournant vers l'éternelle Source de la richesse, de la santé, de toutes choses, dont il avait appris qu'elle était sa propre conscience. Nettement, positivement, il déclarait avec persévérance : « Dieu est la source de ma richesse et cette richesse est mienne dès à présent. » Ou bien : « Il y a une solution divine à mon apparent problème... La richesse de Dieu est ma richesse » et d'autres déclarations affirmatives, positives, qui chargeaient son esprit d'espoir, de foi, d'expectatives et enfin d'une conviction en une fontaine d'abondance toujours jaillissante, inépuisable, comblant tous ses besoins.

Le flot des pensées négatives l'envahissait cinquante fois par jour ; chaque fois il repoussait ces gangsters, ces assassins et ces voleurs dont il savait qu'ils venaient pour lui dérober la paix, l'abondance, la réussite et toutes les bonnes choses. Il ouvrit toute grande la porte de son esprit à l'idée de l'éternel Principe de la Vie, Dieu, Source de toute richesse, de la santé, de l'énergie, de la puissance, coulant à travers lui et lui prodiguant tout ce qui est nécessaire à une vie heureuse et comblée.

Il s'aperçut, dès le second jour, que les bandits (ses pensées négatives) se présentaient moins nombreux ; il en fut de même les jours suivants ; ils ne venaient plus que par intermittence et recevaient toujours la même réponse mentale : « Hors d'ici ! Je n'accepte que les pensées et les concepts qui activent, guérissent, bénissent et inspirent mon esprit ! »

Il reconditionna ainsi sa conscience, son esprit, au concept de la richesse. « Le prince de ce monde vient, mais il n'a rien en moi », ce qui veut dire : les pensées négatives telles que la peur, la pénurie, les soucis ou l'anxiété eurent beau se présenter, son esprit ne leur répondit point. Il s'était immunisé contre elles ; il était épris de Dieu, possédé par une foi divine en une conscience de plus en plus large, de plus en plus remplie d'abondance et de succès financier. Cet homme ne perdit rien, il ne fit pas faillite ; au contraire, il obtint des crédits, ses affaires s'améliorèrent, de nouvelles portes s'ouvrirent devant lui, il devint prospère.

9. Prier de deux façons

Souvenez-vous toujours que dans la prière il faut que vous soyez loyal et fidèle à votre idéal, à votre but. Beaucoup de personnes n'obtiennent point la richesse ou le succès financier parce qu'elles prient de deux façons. Elles affirment que Dieu est leur inépuisable provision, qu'elles sont divinement comblées puis, quelques instants plus tard, nient leur bien en disant : « Je ne puis payer cette note… Je ne puis me permettre ceci ou cela… Je n'ai pas de chance… Je n'arriverai pas à joindre les deux bouts… »

Toutes ces déclarations sont puissamment destructrices et neutralisent les prières et affirmations positives. Voilà ce qui s'appelle « prier de deux façons ».

Il faut être fidèle à votre plan, à votre but, fidèle à votre connaissance de la Puissance spirituelle. Cessez de faire des mariages négatifs, c'est-à-dire de vous unir aux pensées destructrices, aux craintes et aux soucis. Lorsque vous priez, vous êtes tel un capitaine qui dirige son bateau.

Vous avez une destination et devez savoir où vous allez. Le capitaine, connaissant les lois de la navigation, règle son cours en conséquence. Si le bateau en est détourné par une tempête, il l'y ramène tranquillement.

Le capitaine sur la passerelle du navire c'est *vous :* c'est vous qui donnez les ordres par la voie de vos pensées, sentiments, opinions, croyances, états d'esprit, et tonus mental. Ayez bien l'œil sur la barre ! *Vous allez là où est votre vision.*

Cessez donc de considérer tous les obstacles, les retards, les empêchements qui vous détourneraient de votre cours. Soyez clair et positif. Décidez de votre route et sachez que votre attitude mentale est le navire qui va vous mener hors de l'état d'esprit limitatif et pauvre, vers celui du sentiment de l'opulence, à la croyance en l'inévitable Loi divine qui agit pour vous.

10. L'homme agit selon ce qui l'anime

Quimby, qui était médecin et remarquable étudiant, puis professeur des lois mentales et spirituelles, dit : « L'homme agit selon ce qui l'anime. » Qu'est-ce qui vous anime en ce moment ? Qu'est-ce qui détermine votre attitude envers la vie ? La réponse est la suivante : vos idées, vos croyances, vos opinions activent votre esprit et vous conditionnent au point que vous devenez, comme l'a dit Quimby, « une expression de vos croyances ».

Il déclara également : « Nos esprits s'entremêlent comme des atmosphères et chacun a, dans cette atmosphère, son identité. » Lorsque vous étiez enfant, vous étiez sujet à des états d'esprit, des sentiments, des croyances, formant l'atmosphère mentale qui régnait habituellement dans votre foyer. Les craintes, les anxiétés, les superstitions autant que les convictions religieuses et de toute autre nature de vos parents furent imprimées dans votre esprit.

11. Vaincre le conditionnement

Prenons, par exemple, un enfant élevé dans la pauvreté, dans un foyer où il entendait constamment parler de manque et de limitations. Nous pourrions dire, comme Salter dans son ouvrage sur la thérapeutique des réflexes conditionnés, que cet enfant fut *conditionné à la pauvreté.* Il devient un jeune homme accablé par un complexe d'indigence basé sur son expérience première, sa formation, ses croyances. Mais il peut s'élever au-dessus de sa situation, s'en libérer, et cela par la puissance de la prière.

J'ai connu un jeune garçon de 17 ans qui était né dans un quartier déshérité dénommé *Hell's Kitchen* (« la Cuisine de l'enfer ») à New York. Ce garçon assista à quelques conférences que je donnai au Steinway Hall à New York. Il comprit alors qu'il avait été la victime de sa pensée négative, destructrice, et que, s'il ne s'employait à diriger son mental de façon constructive, l'entendement collectif – avec ses peurs, ses échecs, ses haines et ses jalousies – le posséderait en maître. « L'homme agit selon ce qui l'anime. »

Cela tombe sous le sens et Quimby le savait ; si l'homme ne dirige pas sa propre maison (son esprit), la propagande, les fausses croyances, les craintes et les soucis du monde phénoménal vont jeter sur lui un sortilège d'hypnose.

Nous sommes immergés dans un entendement collectif qui croit en la maladie, à la mort, aux malheurs, aux accidents, aux échecs, aux désastres de toutes sortes. Suivez l'injonction de la Bible : « Sortez d'entre eux, tenez-vous à part. » Identifiez-vous mentalement et émotionnellement aux Vérités éternelles qui ont résisté au temps.

Mon jeune ami décida de penser et de projeter sa vie par lui-même. Il décida de prendre la Voie royale des richesses en acceptant, à l'instant même, l'abondance de Dieu, et de remplir son esprit des concepts et des perceptions spirituelles. Il comprit que, ce faisant, il chasserait de son esprit tous les prototypes négatifs.

Il adopta un procédé simple : *l'imagination scientifique.* Ce garçon avait une voix magnifique mais elle n'était ni développée, ni cultivée. Je lui expliquai que l'image qu'il entretiendrait en son esprit se développerait dans son subconscient et se manifesterait. Il comprit que c'est une loi de l'esprit – action/réaction – celle de la réponse du subconscient à l'image mentale qui est entretenue par le conscient.

Le jeune homme prit l'habitude de se détendre complètement et de s'imaginer d'une façon vivante qu'il chantait devant un micro. Il en faisait une réalité au point de *sentir* l'instrument. Puis il m'entendait le féliciter pour le merveilleux contrat qu'il venait d'obtenir, lui dire à quel point sa voix était magnifique.

En donnant son attention, sa ferveur à cette image mentale régulièrement et systématiquement, une impression profonde pénétra son subconscient.

Peu de temps après, un professeur de chant italien de New York lui donna gratuitement des leçons plusieurs fois par semaine, parce qu'il avait reconnu ses possibilités. Puis, mon jeune ami obtint un contrat pour aller chanter en Europe, puis en Asie, en Afrique du Sud, etc. Ses soucis financiers avaient disparu ; il recevait de merveilleux honoraires. Son talent caché et sa capacité à l'extérioriser étaient ses vraies richesses. Nous possédons tous des talents qui nous viennent du Créateur ; libérons-les.

Ne vous êtes-vous jamais dit à vous-même : « Comment puis-je contribuer davantage au bien de l'humanité ?… Comment puis-je être plus utile à mes semblables ? »

Un prêtre de mes amis me conta que les premiers temps de son ministère, son église – et lui-même en conséquence – eurent à souffrir pécuniairement. Voici la technique qui opéra pour lui des merveilles, la simple prière suivante : « Dieu me révèle de meilleurs moyens de présenter Ses vérités à mes semblables. » L'argent afflua, l'hypothèque sur l'église fut levée en quelques années et il n'eut plus jamais d'embarras financiers.

12. Changer l'intérieur

Vous venez d'apprendre que les sentiments profonds, les états d'esprit, les croyances d'un individu gouvernent toujours son univers extérieur. Les mouvements intérieurs de l'esprit règnent sur les mouvements extérieurs. Pour changer l'extérieur, il faut d'abord changer l'intérieur. « Sur terre comme aux cieux », c'est-à-dire ce qui est en mon esprit, dans ma conscience, se reflète dans mon corps, dans mes affaires, dans mon ambiance.

La Bible dit : « Il n'est rien de caché qui ne sera révélé. » Par exemple, si vous êtes malade, vous révélez un état mental et émotionnel qui en est cause. Si vous êtes contrarié ou si vous recevez de mauvaises nouvelles, remarquez comme vous le révélez par l'expression de votre visage, de vos yeux, par vos gestes, par le ton de votre voix et aussi par l'attitude de votre corps. En fait, tout votre corps révèle votre détresse intérieure.

Vous pourriez, bien sûr, par la discipline mentale et la prière, demeurer absolument équilibré, serein et calme, refusant de trahir vos sentiments cachés, votre état mental. Vous pourriez ordonner à vos muscles de se détendre, de s'apaiser ; ils seraient contraints de vous obéir et ni votre visage, ni vos yeux, ni vos lèvres ne trahiraient le moindre signe de douleur, de colère ou de dépression. D'autre part, avec un peu de discipline, par la prière et la méditation vous pourriez renverser toute la situation. Même si vous veniez de recevoir de mauvaises nouvelles, en dépit de leur gravité vous pourriez ne manifester que joie, paix, détente, un état de conscience vibrant. Nul ne pourrait se douter que vous avez reçu ce qu'on appelle de mauvaises nouvelles.

Quelles que soient les nouvelles que vous ayez reçues aujourd'hui, vous pouvez vous regarder dans un miroir, observer vos lèvres, vos yeux et vos gestes tout en vous disant et en imaginant que vous avez reçu l'annonce qu'une immense fortune vous est dévolue. Dramatisez-le, sentez-le, frémissez-en de joie et remarquez à quel point tout votre corps répond à votre frémissement intérieur.

13. Epousez la richesse

Par la prière vous pouvez renverser toutes les situations. Remplissez votre esprit de concepts de paix, de succès, de richesse et de bonheur. Identifiez-vous à ces idées mentalement, émotionnellement et en créant des images mentales.

Ayez l'image de vous-même tel que vous voulez être et maintenez cette image; soutenez-la avec joie, foi et un sentiment d'expectative; vous finirez par en faire l'expérience, elle se manifestera.

Je dis à ceux qui me consultent parce qu'ils ont des difficultés pécuniaires, d'« épouser la richesse ». Certains comprennent, d'autres non. Tous ceux qui étudient la Bible savent que « Votre femme » est ce à quoi vous êtes mentalement uni.

Autrement dit, **vous donnez vie à ce que vous concevez,** à ce que vous croyez. Si vous croyez que le monde est glacial, cruel et dur, que « l'homme est un loup pour l'homme », vous êtes marié à ce concept et aurez des « enfants » qui naîtront de ce « mariage ». Ces enfants seront les conditions, les circonstances dans lesquelles vous vous trouvez placé, ainsi que tous les autres événements de votre vie. Toutes vos expériences, toutes vos réactions à la vie seront à l'image et à la ressemblance des idées qui les engendrèrent.

Considérez les nombreuses épouses avec lesquelles la plupart des hommes vivent : la peur, le doute, l'anxiété, la critique, la jalousie, la colère... elles empoisonnent leur esprit. Epousez la richesse en déclarant, en sentant et en croyant ce qui suit : « Dieu pourvoit à tous mes besoins par Ses richesses transcendantes. »

Ou bien, pénétrez-vous de l'affirmation suivante et répétez-la maintes et maintes fois jusqu'à ce qu'elle conditionne votre conscience, qu'elle fasse partie de votre méditation : « Je m'exprime à tous égards divinement et j'ai un revenu confortable. » Ne le répétez pas à la manière d'un perroquet, mais en sachant bien que ce train de pensées se grave dans votre subconscient, devenant ainsi un état conditionné de la conscience. Que cette phrase ait pour vous sa pleine signification ; remplissez-la de vie, d'amour, de sentiment ; faites-la vivre.

Un des étudiants qui suivent mes cours ouvrit récemment un restaurant. Il me dit au téléphone qu'il « s'était marié à un restaurant », entendant par là qu'il était décidé à en faire une grande réussite, à travailler avec persévérance et à voir son affaire devenir très prospère. La femme (mentale) de cet homme était sa croyance dans l'accomplissement de son désir.

Identifiez-vous au but que vous vous proposez et mettez fin aux mariages mentaux avec la critique, la condamnation de vous-même, la colère, la crainte et le souci. Donnez votre attention à votre idéal et soyez plein de foi et de confiance dans l'inévitable loi de prospérité et de succès. Vous n'accomplirez rien en exaltant votre idéal pendant une minute pour le nier l'instant d'après ; c'est comme si vous mélangiez un acide et un alcali, vous n'obtiendriez qu'une substance inerte. Pour marcher dans la Voie royale des richesses, vous devez rester fidèle à votre idéal (votre épouse mentale).

14. Soyez une mère pour votre idéal

Nous trouvons dans la Bible des illustrations de ces mêmes vérités. Par exemple : « Eve sortit de la côte d'Adam. » Votre *côte,* c'est votre concept, votre désir, votre idéal, votre projet ou votre but dans la vie.

Eve signifie l'émotion, la nature sensible, le ton intérieur. Autrement dit, il faut que vous soyez une mère pour votre idéal ; vous devez l'entourer d'amour, avoir foi en lui avant de le voir se manifester dans votre vie.

L'*idée* c'est le père, l'*émotion* la mère ; ils constituent le festin des noces qui a lieu sans cesse dans votre esprit.

Ouspensky parle du troisième élément qui apparaît lorsque votre désir s'unit à votre sentiment. Il l'appelle l'*élément neutre.* Nous pouvons l'appeler « la paix », car Dieu est Paix.

La Bible dit : « Et le gouvernement sera sur ses épaules. » En d'autres termes, laissez la Sagesse divine être votre guide.

Que la Sagesse subjective qui est en vous vous dirige, vous guide et vous gouverne dans toutes vos voies.

Remettez votre requête à cette Présence intérieure, avec la certitude dans votre cœur et dans votre âme qu'elle va dissiper les anxiétés, cicatriser les plaies et rendre à votre âme son équanimité et son calme.

Ouvrez votre esprit et votre cœur et dites : « Dieu est mon pilote, Il m'enrichit, Il est mon conseiller. » Que votre prière de jour et de nuit soit : « Je suis un canal au travers duquel les richesses de Dieu coulent sans cesse, abondamment et librement. » Inscrivez cette prière dans votre cœur, dans votre esprit. Demeurez sur le rayon de la Gloire de Dieu !

L'homme qui ne connaît point le fonctionnement profond de son esprit est tout chargé de fardeaux, d'anxiétés et de soucis ; il n'a pas appris à rejeter son fardeau sur la Présence intérieure afin d'être libre.

Un disciple d'un moine zen lui posa cette question : « Qu'est-ce que la Vérité ? » Le moine répondit d'une façon symbolique en enlevant le sac qu'il portait sur son dos pour le poser à terre.

Le disciple lui demanda alors : « Maître, comment agit-elle ? » Toujours silencieux, le moine zen remis le sac sur ses épaules et se mit à arpenter la rue tout en se chantant à lui-même. Le *sac,* c'est votre fardeau, votre problème. Vous le rejetez sur la Sagesse subjective qui sait tout et qui possède le secret de l'accomplissement. Elle connaît la réponse dont vous avez besoin.

Remettre le sac sur les épaules signifie : bien que j'aie toujours mon problème, j'ai maintenant la tranquillité d'esprit, je suis soulagé de mon fardeau, parce que j'ai invoqué la Sagesse divine ; par conséquent, je chante le chant du triomphe, sachant que la réponse à ma prière est en route et ma joie est grande. Cela est merveilleux !

15. L'ardeur du début

« Tout homme sert d'abord le bon vin, puis le moins bon après qu'on s'est enivré ; toi, tu as gardé le bon vin jusqu'à présent. » Cela est vrai de tout homme lorsqu'il commence à comprendre les lois de l'esprit. Il part plein d'ardeur et d'ambition. Il est le balai neuf qui nettoie à fond et il est plein de bonnes intentions ; mais souvent il oublie la Source de sa puissance.

Il ne reste pas fidèle au Principe qui l'anime, principe scientifique et effectif, qui le sortirait de ses expériences négatives et le mettrait sur la haute route de la liberté et de la paix de l'esprit. Il commence à se nourrir, mentalement et émotionnellement, des idées et des pensées étrangères à son idéal, à son but. Autrement dit, il n'est pas fidèle à son idéal, à sa « femme ».

Sachez que votre Moi subjectif, profond, acceptera toutes vos requêtes et, étant tout-puissant, vous en donnera la réalisation à sa façon. Il vous suffit de formuler votre requête avec foi et confiance, tout comme vous sèmeriez une graine ou posteriez une lettre à un ami, certain de recevoir une réponse.

Vous êtes-vous jamais placé entre deux grandes roches pour écouter l'écho de votre voix ? Le Principe de toute vie répond en vous-même de la même manière. Vous entendrez l'écho de votre propre voix. Votre voix c'est le mouvement mental, intérieur de votre esprit... votre festin psychologique profond, au cours duquel vous vous êtes délecté d'une idée jusqu'à la satiété ; puis vous vous êtes reposé.

Connaissant cette loi et son usage, prenez bien garde de ne jamais vous enivrer de puissance, d'arrogance, d'orgueil ou de vanité. Servez-vous-en pour bénir, guérir, inspirer et relever les autres autant que vous-même.

16. Monter vers les cimes spirituelles

L'homme viole la loi en abusant égoïstement de son semblable ; sachez qu'en le faisant vous vous nuiriez à vous-même et attireriez votre perte. La puissance, la sécurité et les richesses ne s'obtiennent pas extérieurement. Elles viennent du trésor intérieur éternel. Nous devons comprendre que le bon vin est toujours accessible, car Dieu est l'Eternel Présent. En dépit des circonstances apparentes, vous pouvez faire la preuve de ce que votre bien est toujours présent en vous détachant mentalement de votre problème pour vous élever jusqu'aux cimes spirituelles et aller aux affaires de votre Père céleste.

Monter vers les cimes spirituelles, c'est « visionner » votre bien ; c'est demeurer sur le nouveau concept de vous-même, c'est l'épouser, c'est maintenir un état d'esprit heureux en demeurant fidèle, c'est-à-dire plein de foi à chaque instant, sachant que le vin de la joie, la prière exaucée est en route. « C'est aujourd'hui le jour du salut… Le Royaume de Dieu est à portée de la main… Tu as gardé le bon vin jusqu'à présent. »

17. La richesse, un état de conscience

Vous pouvez – dès l'instant même – voyager psychologiquement en votre esprit et entrer mentalement dans quelque état que vous souhaitiez par la divine imagination. La richesse, la santé ou l'invention que vous voulez faire connaître, tous sont d'abord invisibles. Tous sont dans l'Invisible. Il faut que vous possédiez d'abord subjectivement les richesses avant de pouvoir les tenir objectivement.

Le sentiment de la richesse produit la richesse, car la richesse est un état de conscience. Un état de conscience, c'est la façon dont vous sentez, pensez et croyez ; c'est ce à quoi vous donnez mentalement votre consentement.

Un professeur californien, qui gagnait entre cinq et six mille dollars par an, remarqua dans la vitrine d'un fourreur un magnifique manteau d'hermine qui en valait huit mille. Elle se dit : « Il me faudrait des années pour mettre de côté une telle somme d'argent. Je ne pourrai jamais m'offrir un pareil manteau. Et cependant, comme j'en ai envie ! »

Cette dame suivait mes cours, et elle apprit qu'en cessant d'épouser ces concepts négatifs elle pourrait obtenir un manteau, une voiture ou quoi que ce fut sans frustrer personne au monde.

Je lui dis d'imaginer qu'elle portait ce manteau, de sentir la belle fourrure. Elle se mit à se servir de la puissance de son imagination avant de s'endormir le soir.

Revêtant l'imaginaire manteau, elle le caressait comme un enfant caresse une poupée. Elle continua et finit par s'enivrer de cette idée ; chaque soir elle s'endormait portant cet imaginaire manteau, heureuse de le posséder. Trois mois se passèrent et elle allait douter de sa réussite lorsqu'elle se rappela que c'est l'état d'esprit persévérant qui assure la démonstration. « Celui qui persévérera jusqu'à la fin sera sauvé. » La solution apparaîtra à celui qui ne balancera point, qui avance, conscient du parfum de Sa Présence. La réponse arrive à celui qui marche dans la Lumière, qui sait que « Tout est accompli ! ». Vous vous servez du parfum de Sa Présence lorsque vous maintenez l'état d'esprit de joyeuse expectative, sachant que votre bien est en marche. Vous l'avez vu dans l'Invisible et vous savez que vous allez le voir dans le monde visible.

La fin du drame psychologique de notre professeur est intéressante. Un dimanche matin, au moment où elle sortait de notre conférence, un homme lui marcha accidentellement sur le pied, s'excusa avec beaucoup de courtoisie et lui offrit de la reconduire chez elle. Elle accepta volontiers.

Peu après, il la demanda en mariage et, en lui passant au doigt l'anneau des fiançailles, un très beau diamant, lui dit : « J'ai vu un admirable manteau, il vous siérait à merveille ! » C'était le manteau qu'elle avait admiré trois mois auparavant. (Le vendeur lui dit d'ailleurs que plus de cent femmes élégantes l'avaient remarqué, mais que toutes avaient fait choix d'un autre vêtement.)

18. L'homme est l'expression de ses croyances

Servez-vous de votre capacité de choisir, imaginez la réalité de ce que vous aurez choisi et, par la foi et la persévérance vous atteindrez votre but dans la vie. **Toutes les richesses du ciel sont ici même, en vous, attendant que vous les libériez.** La paix, la joie, l'amour, les directives dont vous avez besoin, l'inspiration, la bonne volonté et l'abondance existent dès à présent.

Tout ce qui est nécessaire pour exprimer les richesses de Dieu c'est que vous vous détourniez du présent – c'est-à-dire de votre propre limitation – pour entrer dans la vision mentale, l'image de votre idéal, et, par un état d'esprit joyeux, de vous unir à lui.

Ayant vu et senti votre bien dans les moments de haute exaltation intérieure, vous savez que dans peu de temps vous allez voir votre idéal prendre forme tandis que vous marchez à travers le temps et l'espace. Il en est à l'extérieur comme audedans, en haut comme en bas, sur terre comme au ciel.

En d'autres termes, vous verrez se manifester ce en quoi vous croyez, **car l'homme est l'expression de ses croyances.**

Table des matières

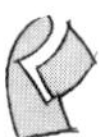

L'impression de cet ouvrage
a été réalisée par
CLERC S.A.
18200 SAINT AMAND-MONTROND (France)
Tél. :02-48-61-71-71

pour le compte des
ÉDITIONS DANGLES
18, rue Lavoisier
45800 ST-JEAN-DE-BRAYE (France)

Dépôt légal Éditeur n° 2622 - Imprimeur n° 8235

Achevé d'imprimer en novembre 2003